沖縄VS.安倍政権

沖縄はどうすべきか

宮里政玄 著
Miyazato Seigen

高文研

はじめに

雑誌『世界』臨時増刊号（岩波書店　二〇一五年四月）、「沖縄　何が起きているのか」は、全体として沖縄問題が新たな段階を迎えていることを示しているという意味で、画期的であった。沖縄では「自己決定権」が翁長雄志《おながたけし》知事のもとで主張され、辺野古新基地建設問題を巡って安倍政権と裁判で争っている。国と県が対等に争うことはかつてなかったことだ。

また、中国の台頭によって日米関係も複雑化している。アメリカのアジア・リバランス政策（軍事的な重心をアジア・太平洋に移す）は、中国を潜在的な敵とみなす安倍外交と整合性に欠ける。アメリカは日米関係を基軸としたハブ・アンド・スポーク・システム（日本、韓国、フィリピン、オーストラリアなどが、それぞれアメリカと安全保障を締結する仕組み）をネットワーク化して中国の台頭に対応しているが、必ずしも中国を封じ込めようとしているのではない。むしろ、「対立の作法」を模索していると言える。

ところが安倍政権は、中国を潜在的な敵と考えて、沖縄の要塞化を目指している。したがって沖縄の基地問題について日米は完全に一致しているわけではない。
このような意味で、沖縄問題は国際的にも、また国内的にも「新たな段階」を迎えているのである。

本書の第一章「転換期の沖縄問題」は、先述の雑誌『世界』に「国際政治の中の沖縄」という題名で掲載したものを基本にしている。ただ、「5 沖縄問題の解決」は第四章に譲ることにしたが、新たに『民事ハンドブック』に代わる文書の要約を資料で追加した。この文書は、米海兵隊が沖縄に着任した兵士らを対象にした研修で用いられているもので、沖縄社会への差別と蔑視が網羅されている。

第二章「中国の台頭とソフト・パワー（軍事力、経済力以外の対外影響力で国際社会から信頼や発言力を獲得する）」は、「パワー・トランジション（権力移行）」論から中国の台頭を論じた。それは沖縄問題の背景をなす。

それを受けて第三章「アメリカの対中政策と安倍外交」では、アメリカのリバランス（再均衡）政策、対日政策を取り上げ、安倍外交との比較を試みた。

第四章「沖縄の現状」は、自己決定権の主張、辺野古埋め立て承認取り消しと裁判を取り上げ、その後の国の強硬政策への転換と、沖縄の「要塞化」（自衛隊の「南西シフト」）を取り上げる。そうすることによって、沖縄政策のあり方を考えることにした。

こうした試みは沖縄内外の世論を高めるためには必要だと考える。

二〇一六年一一月一〇日

宮里　政玄

＊——もくじ

第三章　アメリカの対中政策と安倍外交

第四章　沖縄の現状

結論——沖縄はどうすべきか

章扉写真提供＝沖縄観光コンベンションビューロー
装丁＝商業デザインセンター・**山田　由貴**

第一章

転換期の沖縄問題

【シーサー点描】

(© 沖縄観光コンベンションビューロー)

二〇一五年一月二七日、沖縄防衛局は、普天間《ふてんま》飛行場の返還に伴う名護《なご》市辺野古《へのこ》の新基地建設で、大型作業船二隻と資材運搬船三隻を使って埋め立て作業を開始した。翁長雄志知事が、仲井真弘多《なかいまひろかず》前知事が行った辺野古埋め立て承認の検証を、沖縄側の専門家による検証が終了するまでは作業を中断するよう求めたばかりだった。

他方、作業開始の当日、安倍晋三首相は、衆院代表質問で翁長知事が辺野古新基地建設の中断を求めたことへの見解を問われ、「辺野古移設は米軍の抑止力の維持と普天間の危険性除去を考えた時、唯一の解決策」と答え、従来通り現行計画を推進すると答えた（共産党の穀田《こくた》恵二議員への答弁）。それは沖縄で盛り上がっている反基地運動を逆なでするものであった。安倍首相は沖縄における基地反対の高まりを十分承知の上で答弁したと思われる。

辺野古にはオスプレイの運用だけではなく、それ以外の施設が併設されるという。強襲揚陸艦の全長と同規模の長さ二七二メートルの護岸や揚陸艇の陸揚げが可能な斜路などの軍港や弾薬搭載区域も整備される。現在の飛行場には軍港機能も弾薬搭載区域も存在しない。それは明らかに単なる移設ではなくて機能強化であり、新基地建設に他ならない。しかも、運用年数は四〇年、耐用年数は二〇〇年だという。それは基地の恒久化であり、負担軽減どころか負担増大になるのは明らかである。

この移設問題は二〇一四年以来、大きく転換している。本章では、まず沖縄における移設問題に対する批判の高まりを取り上げ、次いで、日米における「沖縄少数民族論」、米海兵隊の抑止力、安倍政権の安全保障政策の順で取り上げる。

1．辺野古新基地反対運動の高まり

二〇一四年一月の名護市長選挙では、辺野古移設阻止を訴えた稲嶺進が大差で再選を果たし、一一月の知事選挙では、「オール沖縄」で日本政府に異議申し立てを行った翁長雄志が、これも大差で当選した。

このような変化をもたらしたのには、いくつかの要因が指摘されよう。

まず、沖縄の心情を逆なでするような日本政府の言動があったことである。例えば二〇一三年一一月、当時の石破《いしば》茂自民党幹事長が同党沖縄県選出国会議員五人とともに記者会見で、移設先について辺野古を含むあらゆる可能性を排除しないことで一致したと表明したことは、沖縄県民に、一八七九年の「琉球処分」を想起させた。

また、同幹事長は、名護市長選挙終盤に現地入りし、突如、五〇〇億円の「名護振興基金」構想を表明して自民党候補への支持を訴えた。それは逆に選挙民のひんしゅくを買った。このような沖縄人の心情を無視した言動が、基地反対運動に拍車をかけたことは間違いない。

さらに、名護市長選挙の約一カ月前、安倍首相は仲井真知事に二〇二一年度までに毎年三〇〇〇億円の振興予算を計上すると約束することで辺野古埋め立てを承認させた。これは仲井真知事の公約違反であり、逆効果を招いただけであった。

これまで日本政府や一般国民だけではなく多くの研究者も、沖縄基地の存在を当然視してきた。例えば、日本は大国にはならず中級国家であるべきだというもっともな「ミドルパワー論」は、沖縄米軍基地の存在に触れてさえいない（添谷芳秀「『普通のミドルパワー』へ―冷戦後の日本の安全保障政策」添谷他編著『普通の国　日本』千倉書房　二〇一四年）。

こうした日本政府と国民の沖縄問題に対する無理解、無関心に対して沖縄はその態度をはっきりと決めるべき時が来ている。そのためには当面する問題を具体的に分析する必要がある。

2. 日米の沖縄少数民族論

本論に入る前に、まず指摘しておくべきことは、米海軍作戦本部が沖縄占領のために一九四四年に作成した『民事ハンドブック』（Civil Affairs Handbook）に示された「沖縄少数民族論」であろう。それはアメリカの著名な文化人類学者によるもので、使用された資料は、一九三〇年代までに日本で発行された（それでアメリカでも入手できた）著作と、ハワイなどでの日本人による沖縄人に対する差別意識（例えば結婚など）であった。要するに、『民事ハンドブック』は一九三〇年代までの日本人の沖縄人観に基づいていたのである。それは、小冊子に要約されて米沖縄占領軍に配布されていた。

それは私にとって大きな発見だった。その要旨を記しておく。

「日琉間の人種上の緊密な関係や言語上の類似点にもかかわらず日本人は、琉球人を人種的に同等とはみなしていない。琉球人は、いわば独特の田舎くさい風習を持つ、遠い親戚とみなされており、したがっていろいろな方法で差別されている。

ところが島民は日本人に対して劣等感どころか、かえって彼らの伝統と中国との長い文化的絆に誇りすらもっている。

したがって日・琉の間には（アメリカが）政治的に利用しうる軋轢の潜在的な根拠がある。島民の間に軍国主義や妄信的な愛国主義はないであろう」

このように、沖縄人は日本人によって差別され、搾取された、日本人の中の劣等グループであるという先入観を、アメリカは占領当初から持っていた。しかもそれを裏付ける資料は、日本人による沖縄差別意識であったのである。

詳細は省かざるを得ないが、ジョージ・ケナン（米国務省政策企画室長）がマッカーサー連合国最高司令官を通じて沖縄少数民族論を共有し、それを政策に反映していたことも、アメリカの対沖縄政策を知るために簡潔に述べておく必要があろう。

ケナンが一九四八年三月に訪日した時、マッカーサーはケナンに対し、沖縄人に対する持論を展開した。すなわち——沖縄人は日本人ではなく、日本本土において日本人と同化したことはない。日本人は彼らを軽蔑している。日本占領に際して最初にとった行動は五〇万人の沖縄人を故郷に帰すことだった。彼らは単純でお人好しであり、琉球におけるアメリカの基地開発から金を得て幸福に暮らしている人々である——と。

帰国後ケナンは、沖縄に基地を恒久的に維持することを勧告することになるが（PPS28）、この勧告に続く「討議」の部分ではケナンの考え方が明快に述べられている。

まずケナンによると、沖縄はその自然的条件（地理的位置、面積、自然の形態、気候、水資源など）のため米軍事力、とくに空軍の前進基地としてだけではなく、政治的にも日本本土やフィリピンよりも適している。続けてケナンは、沖縄はポツダム宣言にいう「吾らが決める小島」に含められていないと主張できるという。その根拠としてケナンは、次の点を挙げている。
①「暴力および貪欲により日本の略奪した他の一切の地域より駆逐せらるべし」というカイロ宣言によって、琉球が日本から除外されることが明示されていること。
②総司令部の管轄区域の南端の境界として北緯三〇度線が容認されていること。これは琉球列島が日本の一部ではないということについて、国際的に暗黙の了解があることを示すと主張した。
上記①は、当時のアメリカ陸軍省さえ認めていなかった強弁であった。

さらにケナンは、こう続けている。アメリカは軍事征服によって琉球列島を管理している。島民は独立に適さず、それを要求もしていない。彼らは自衛能力を全く欠いているから、彼らを保護するための適切な最終取決めがなされるまでの間、アメリカには彼らを保護する「明確な責任」がある、と。

何たる暴言か。それはマッカーサーから伝授された沖縄少数民族論を示していると言えよう。

ケナンによると、琉球はカイロ宣言やポツダム宣言のいう「小島」ではないのであるから、琉球の最終的処遇が対日平和会議で問題になるかどうかは疑問である。国際連合でこの問題が提起されなければ、それが国際的な問題になることはないだろう。国際連合憲章は、信託統治をしくことのできる地域として、第二次世界大戦の結果、敵国から分離される領土を挙げているが、信託統治の形態とその条件は後日の協定で決められることになっている。しかし憲章は、この協定を作成する「当事国」は特に明記していない。

琉球については、その住民に真の保護を与えうる信託統治は、アメリカによる信託統治以外にはない。アメリカが信託統治をしく場合に琉球の大部分は、戦略的統治とすべきである。アメリカは実際に琉球を軍事占領しているのであるから、他国がアメリカの信託統治に反対したところで、アメリカを琉球から追い出すことはできない。もし琉球を日本に返して無防備の状態におくのであれば、それはソ連の好餌となろう。

以上の討論からケナンは、こう結論づけている。すなわち、①アメリカが琉球に対して恒久的な責任を有することを正当化しうる十分な期間そこにとどまる決意を現時点で決める。②琉球の将来について国際的に討議することも、また対日平和会議でそれを討議することも必要ない。③琉球の問題が国際連合で提起される場合には、住民に対するアメリカの責任にかんがみ、アメリカの戦略的統治以外の取り決めを許すことはできないという立場を堅持する（拙著『日米関係と沖縄―一九四七〜一九七二年』岩波書店　二〇〇〇年）。

次に、日本の沖縄少数民族論の一例として「天皇メッセージ」（一九四七年九月）を取り上げることにしよう。このメッセージの解釈は周知の通りさまざまだが、少数民族論に限って取り上げることにする。

このメッセージは、W・J・シーボルト連合国最高司令官政治顧問と、天皇のアドバイザーを称する宮内庁御用掛の寺崎英成との会話記録で、シーボルトによって、ちょうど政策企画室が対日平和条約や沖縄問題を検討していた時に国務省に送られてきたものである。以下はその要約である。

天皇はアメリカが沖縄と琉球の他の諸島を軍事的に占領することを希望する。天皇の意見では、このような占領はアメリカを利するだけではなく、日本の保護にも役立つ。天皇は、この措置はソ連の脅威だけではなくて、占領終了後に左翼と右翼が台頭し、内政干渉の口実にソ連が利用できるような事件が発生することを恐れている日本人にとって広く承認されるであろうと考えている。

さらに天皇は、沖縄（そして必要とされる他の島）のアメリカによる軍事占領は、日本の主権を残した上で、長期的に租借する（二五年から五〇年、あるいはそれ以上）という虚構に基づくべきだと考えている。天皇によると、この占領方法は、アメリカが琉球列島に何の恒久的企図を持たないことを日本国民に納得せしめるだろうし、また、とくにソ連と中国が同様な権利を要求するのを抑制するであろう。

また、寺崎は、個人的意見として、琉球に軍事基地をアメリカが取得する手続きは、対日平和条約ではなくて、日米間の協定によるべきだと述べた。その理由は、平和条約による権利取得は、強制されたという色合いが強く、将来、日米友好関係を損ねる恐れがあるからであった。

ここで問題なのは、「二五年から五〇年、あるいはそれ以上」、いわば半永久的にアメリカの軍事的統治下に置いてもいいということを天皇がアメリカに提案したことである。すなわち、沖縄は「日本本土」ではなく、政治的に勝手に処分できる辺境地とみなされていたのである（拙著『アメリカの沖縄政策』ニライ社　一九八六年）。

あと一つ、日本政府に近い研究者だが、比較的に沖縄に同情的な研究者の坂元一哉（大阪大学教授）でも、以下のように述べている。

《沖縄への基地集中は、地政学上の理由から歴史的経験があって、容易に解決できる問題ではない。現実的には「人と人との協力」を増やして同盟の抑止力を「物と人との協力」だけに頼らないようにしながら、漸進的に解決していくしかない問題である。（略）政権交代にともなう残念で思い出したくもない経験から、辺野古崎移転に沖縄県の理解を得るのは至難の業となってしまった。それでも理解を得るためにあらゆる努力をすべきだが、全力で努力しても理解が得られない場合には、政府は政府責任で普天間移転を進め、沖縄県民の危険軽減に努めなければならない》（『日米同盟の難問』ＰＨＰ研究所　二〇一二年）。

沖縄の地政学上の軍事的価値は、冷戦時代はともかく、現在ではその価値が失われていることは、後述するジョージ・ワシントン大学教授のマイク・モチヅキと元米国防次官補のジョセフ・ナイの分析で明らかである。沖縄への基地の集中の原因の一つが「歴史的経緯」にあるというのは、沖縄の人々にはとても納得がいかない。それこそ沖縄小数民族論そのものだ。沖縄に理解があると思われる研究者にしてこうなのだから、始末に負えない。先の「ミドルパワー論」と合わせてみると、沖縄少数民族論が研究者間でもいかに浸透しているかが分かる。

3．在沖海兵隊の抑止力

現在、国際的なパワーが大きく変動している。それは中国が台頭し、単独覇権を誇っていたアメリカのパワーとそれを使用する意思が相対的に弱まっていることに示されている。やや単純化して言えば、アメリカ外交の現状を理解する重要な概念は、「オフショア・バランシング」である。

「オフショア・バランシング」とは、アメリカが想定する敵国（中国）がパワーを強化してくるのを、アメリカに好意的な同盟国（日本）を利用して抑制させることである。すなわち、アメリカの経済力が衰退していて覇権の維持に耐えられなくなりつつある場合、オフショア（海を隔てた地域）で起きる紛争について軍事介入を最小限にとどめ、新たな覇権国が勃興しないように、それぞれの地域におけるアメリカの同盟国のパワーを強化させることである。

二〇一五年二月六日、オバマ政権は、国防計画の根拠となる「国家安全保障戦略」を発表した。報道によると、大規模な地上戦からの明確な転換をうたい、軍事力行使を抑制する考えを打ち出した。単独の武力行使ではなく、国際協調や周辺諸国との連携を重視する姿勢を鮮明にしたのである。ただ、中国に関しては、前回の二〇一〇年の戦略では、「平和や繁栄に貢献する道を選ぶよう働きかける」と中国の役割に期待感を示していたが、今回は「中国軍の近代化に目を光らせる」と軍事的な台頭を牽制する姿勢を打ち出した（『朝日新聞』二〇一五年二月七日）。

以上の観点から、アメリカは日本に頼らざるを得ないが、その場合に沖縄の米軍基地、とくに現在問題となっている辺野古新基地は不可欠なのだろうか。ここでは、日米関係に造詣の深いマイク・モチヅキとジョセフ・ナイの見解を見ることにしよう。

まずモチヅキを取り上げよう（「抑止力と在沖海兵隊」新外交イニシアティブ編『虚像の抑止力』旬報社　二〇一四年）。

モチヅキは、北朝鮮の抑止にあたって日本における米軍基地および軍隊（とくに海兵隊）が主要な役割を果たすことは疑問の余地がない、という。というのは、米軍は反撃のための効果的な集結地を必要とし、普天間基地はこの機能を果たすことができる。しかし、地理的観点からすれば、沖縄の基地以外で、集結地としてふさわしい別の場所がある。例えば、一九五〇年の朝鮮戦争における仁川《インチョン》水陸両用攻撃では、佐世保が主要基地として利用されたことは、日本国内の基地が有事に供用されるなら、普天間基地やその代替基地とされている辺野古は不要であるということだ。

また、沖縄への基地の集中は、脆弱性を増大させ、抑止力自体を弱体化させかねない。したがって、海兵隊をグアムに移転するという再編成計画はたんに米軍および基地を引き受ける側の沖縄の負担を軽減するための移転としてではなく、脆弱性の縮小、軍事的柔軟性の向上、そしてその結果としての抑止力の強化を目的として計算された戦略的移転である。

さらにグアム、オーストラリア、シンガポールなどの地域におけるアメリカの継続的なパワーの拡大によって抑止力は向上している。大規模な海兵隊の駐屯地を沖縄に維持することはさほど重要ではないということだ。

例えば、海兵隊戦闘部隊の増派を要するような事態に備えるため、アメリカは戦闘機材を完備した海上事前集積船を日本に配備することも可能である。軍事的危機の場合、海兵隊はアメリカ本土から空輸で派兵された後、事前配備された機材と合流できる。このような作戦および有事の計画は、辺野古のV字型航空基地建設を必要としない。沖縄に展開される海兵隊がどうしても沖縄近辺で訓練を行う必要があるとすれば、キャンプ・シュワブ内に比較的小規模なヘリポートを建設すれば十分だという。

モチヅキは中国に関してこう述べる。中国の軍事戦略からすれば、琉球列島は「第一列島線（九州を起点に沖縄、台湾、フィリピン、ボルネオにいたるライン）」の一部だが、そこで対峙するのは米軍の潜水艦であって、海兵隊ではない。そのため「海兵隊がいなくなると不安だ」という日本国民の意識は間違っている。なぜそうなったかといえば、鳩山政権時に「海兵隊が必要なのは抑止力のためだ」と言い始めたからだという。ナイも、沖縄の地理的優位性が、中国の軍事的台頭で逆に脆弱《ぜいじゃく》性に変わりつつあることを指摘する（『朝日新聞』二〇一四年一二月八日）。

「普天間基地や辺野古の新基地も、この脆弱性という問題の解決にはならず、環境の変化に応じて実行方法を変える必要がある。そして二一世紀の安全保障環境に合わせた同盟の在り方を日米両国政府が議論する中で、基地全体を再検討すべきだ」

別の研究でも、沖縄の米軍基地の脆弱性を指摘しているので、引用しておこう。

《アメリカの迅速な戦力投射は中国のミサイルや潜水艦などの登場によって、その運用コストとリスクが急激に上昇しつつある。中国の弾道ミサイルや巡航ミサイルの射程内に位置する沖縄の嘉手納基地では、高価で高性能なステルス戦闘機Ｆ22をどんなに備えたとしても、発射から一五分程度で弾着する中国の弾道ミサイルによって、基地から発つ前に破壊されてしまうリスクにさらされる。》（布施哲『米軍と人民解放軍』講談社現代新書　二〇一四年）

嘉手納基地がそのように脆弱ならば、辺野古新基地も同じである。はたして安倍政権に、ナイの言うような基地の再検討をする用意があるだろうか。新基地の建設を、沖縄県民の総意を無視して強引に進めている安倍政権にとって、答えは明らかに「ノー」であろう。

4．安倍政権の安全保障政策

そもそも集団的自衛権の行使や安倍首相の積極的平和主義は、もともとアメリカが日本に要求したものであるが、アメリカと安倍政権の間には、歴史問題や外交問題などについて隔たりがある。

大まかに言えば、安倍政権の安全保障政策は、二つの理念に基づいているように思う。

その一つは、自力で自国の安全保障を保障できないことから、アメリカを東アジアの潜在的な対立構造により深く引き込むということである。例えば、自衛隊による米軍の後方支援のための新法を制定するのは、米軍への支援を地球規模に広げる狙いがある。その背景には、中国の台頭で緊張が高まる日本周辺の安全保障にアメリカをつなぎとめたいという安倍政権側の事情がある。世界中に展開する米軍への後方支援を積極的に行う代わりに、尖閣列島の問題などで、アメリカのかかわりを強めてもらうということだ（『朝日新聞』二〇一四年一二月九日）。

同じことは、国家安全保障会議の設置、国家安全保障戦略の策定、特定秘密保護法の成立、集団的自衛権の行使容認等についてもいえよう。

私は普天間基地の辺野古移転計画も、米海兵隊の撤退計画に対する引き止め工作、または「人質」ととらえてきた。軍事的に必ずしも必要のない辺野古基地にアメリカが賛成するのは、日本以外では得られない建設資金や思いやり予算のためである。

あと一つは、日本は世界をリードする列強国でなければならないという安倍首相の強い信念である。それは、「戦後レジームからの脱却」発言、活発な訪問外交などに表れている。

中韓両国の強い反発を招いている靖国神社参拝、「慰安婦」問題などがアメリカの批判を招いていることは、日米の外交が必ずしも一致しないことを示している。

私は、元経産官僚・古賀茂明の『国家の暴走』（角川書店　二〇一四年）という、いわば激しい表題の著書にいくらか賛成したい気持ちでいる。

引用しておく。

《安倍政権は、次々に新たな政策を打ち出している（略）。項目だけを列挙してみよう。①日本版NSC法、②特定秘密保護法、③武器輸出三原則の廃止、④集団的自衛権の行使、⑤「産めよ増やせよ」政策、⑥集団安全保障での武力行使の容認、⑦日本版CIAの創設、⑧ODAの軍事利用、⑨国防軍の保持、⑩軍法会議の設置、⑪基本的人権の保持（全体では一三項目あるが略）。

これらのうち、①～⑤は正式にスタート、または方向が定まった。⑥～⑧はすでに論議が始まった。⑨～⑪も自民党の憲法改正草案に書いてある（略）。》

この引用が安倍政権の政策を誇張していることを信じたい。

資料1

海兵隊の沖縄蔑視研修資料

米海兵隊が沖縄に着任した兵士らを対象にした研修で用いられる資料。それは第二次世界大戦時に出された『民事ハンドブック』に代わるものだと思われるが、その内容はとてもひどいものだ。原文（Okinawa Culture Awareness Training）も入手したが、ここでは『琉球新報』（二〇一六年五月二八日）の要約を紹介する。

✣政治利用――駐留は三者の利益

沖縄の政治的問題の大部分は、米軍の駐留に関係している。ようまく言えば沖縄の政治は地元、全国のさまざまなレベルで基地問題をテコに使っている。

主に、第二次世界大戦以降に沖縄が基地負担の一部を受け入れるよう本土に提案してきたことに対し、本土が受け入れには消極的だという構図を明確にすることで、（本土側の）罪の意識を醸成している。

日本政府はほとんどの問題やプロジェクトを前に進める前に、全ての関係者の合意を得ようとする（例えば普天間代替施設、共同使用、訓練に関して配備する火砲訓練の移転、パラシュート落下地点など）。

沖縄における米軍の駐留は日本政府、沖縄県、地元自治体の三者にとって共通の利益だ。日本政府にとって米軍は、脅威に対して抑止力を提供する重要な同盟だ。沖縄県と首長にとっては、米軍は景気拡大の資源（補助金、インフラ整備、米軍駐留に関する日本政府との交渉におけるテコ）になっている。

地元を巻き込む（米軍絡みの）事件・事故がほとんど常に住民が被害者として伝えられ、（米軍に対する）大きな失望を巻き起こす。結果としてこの地元住民は沖縄戦以降、日本から差別されてきたがために絶えず受け続けてきた米軍基地の「負担」を照らし出し、彼らが事件・事故を「点が線につながる」と主張する材料を補強する「いい仕事」をしたことになる。

✣米軍犯罪――ガイジンパワーで逸脱

沖縄の歴史と、その歴史がどう解釈されてきたかを理解すれば、反基地の物語とそれに基づいた行動がいかに全てを否定的なものにしているかが分かる。米軍関係者による事件・事故、犯罪は高い注目を集めることになる。われわれがここ沖縄に駐留しているのは、日米同盟に貢献するためであって、同盟国の友人や隣人を傷つけるためではない。「保護者」やパートナーとして行動するべきであって、日常生活を送る地元住民を傷つけることをするために駐留しているのではない。

飲酒は日本文化（沖縄を含む）に深く根を張っている。行楽街などさまざまな観光スポットは日本の文化的な側面の一つで、多くの海外の人たちは初めて自分自身を見失ってしまう。そうした場所での特別な時間が、受け入れ国の他の全ての場所もそうであるかのような誤った認識を抱かせてしまうこともある。そして、私たちは突然「ガイジンパワー（カリスマ・マン効果）」を発揮し、社会の許容範囲を超えた行動をしてしまう傾向がある。

アルコールの過剰摂取は日本社会でも問題になっており、飲酒運転やけんか、金銭トラブルに発展することもある。一般の米国市民であればニュースになることはないが、警官や公務員など制服を着用し、市民の良き模範になるよう求められる人たちが〝間違い〟を犯せば、新聞の一面を飾ることになる。結果として、本人だけでなく「特別な信頼と信用」を示してきた全ての人に打撃を与える。あなたは善良な米国人を代表している。事件に加担し、本国の家族を失望させるようなことをしてはならない。

✤過重負担——県民の主張は「巧妙」なゲーム

米軍基地の存在を巡り、日本政府と県政の間では二〇年以上にわたり見解の相違が生じている。日本政府は（本土で代替場所が探せないため）、基地や軍隊が沖縄県内にとどまることを望んでいるに対し、県政は度重なる軍人絡みの事件・事故や、基地から派生する諸問題を受けて基地の縮小と負担軽減を訴えている。

また基地を巡り、沖縄と米軍側にもさまざまな問題が生じている。

現在、在沖米軍基地の面積は沖縄県全土の一〇・四％を占め、宜野湾市の普天間飛行場を筆頭に、人口密度の高い都市部に所在する基地もある。県民からは騒音問題や環境汚染を懸念する声も聞こえてくる。一九九五年の海兵隊による少女乱暴事件などを受け、軍人はトラブルメーカーであり、深刻な犯罪を引き起こすのではないかとみられている。

日本政府は九六年の沖縄に関する特別行動委員会（ＳＡＣＯ）や二〇〇六年の防衛政策見直し協議で、沖縄への配慮として基地負担の軽減を図ることで合意した。だが、両政府の交渉や討議は、合意事項を実行するより「結果」を最優先する官僚だけで行われる。そのため、地方自治体は阻害された気分となり、その結果、日本政府は合意を実行するのに苦慮している。

基地の過重負担を訴える沖縄県民の主張には「県内移設は負担軽減ではなく、県民をだますための巧妙なゲームだ」「本土も負担を共有すべき」「普天間飛行場の代替施設はいらない」「普天間飛行場の三年以内の事実上の閉鎖を求める」などがある。

✤反米基地感情——創作と誇張が強力な武器に

沖縄は、第二次世界大戦で日本本土とは異なった経験をしており、それが反基地につながるいくつかの物語（Narratives）を形成している。だが、反基地は必ずしも反米ではなく、あなたが沖縄に着任中に感じる矛盾となるだろう。

「犠牲・差別」と「経済発展の阻害」という二つの物語を紹介する。

「犠牲・差別」の背景には、①沖縄は日本国内で最大の少数派、②沖縄は日本の国土の〇・六％、③沖縄に日本の米軍基地の七〇％が存在している、④事件・事故、⑤騒音などがある。

「経済発展の阻害」では、牧港《まきみなと》住宅地区跡地の那覇新都心と北谷《ちゃたん》町のハンビー飛行場跡地のアメリカン・ビレッジが例として挙げられ、「われわれの経済的奇跡はどこに？」と主張している。

日本国内では、基地に関わる問題について、真実、または創作、誇張、もしくは完全に理解しないまま取り扱われている。こうしたことに基づいて形成された彼らの物語に歴史も加味され、強力な政治的武器（Political fireball）になっている。こうした沖縄の物語が、政治家や本土メディアにとって困難で救いがたい事態を招いている。

問い。なぜこのような物語が影響力をもつのか。

答え。おそらく、ゆがめられた概念ではあるが、歴史の解釈がその物語を支え、ある一定の価値を与えているからだ。

✣基地経済——問題「テコ」に駆け引き

沖縄における政治問題の大半が米軍基地に関わるものだが、より厳密には沖縄の政治は基地問題を「テコ」に地方や中央政府との駆け引きを行っていると言える。戦後は特に基地の過重負担などを訴えることで本土側に「罪の意識」を与え、沖縄はより多くの補助金を獲得している。

一方で、米軍基地の存在は、県経済にも貢献していると言える。地城の雇用創出や軍用地料、さらに周辺地域の消費活性（住宅、自動車、飲食店）など、基地から派生する経済効果は多岐にわたる。とりわけ軍用地に関しては、使い物にならない土地でも地主には補助金が支給される上、固定資産税が免除される。

また沖縄は文化や生活面においても米国の影響を受けており、例としてタコライスをはじめとする食生活やダイビングなどのアクティビティ、海水浴場の清掃活動などの環境保全運動などが挙げられる。

多くの県民（軍用地の地主）にとって軍用地料が唯一の収入源であるため、基地の早期撤退を望んでいないことが、一九九三年に県が実施した調査により明らかとなった。この現状が、基地返還を困難なものにしている。とりわけ地主の多くが高齢の上、高額の借地料を頼りに生活しているだけでなく、土地の有効活用能力（inability）がないためだ。

同調査によると、地主の四五・三％が基地の早期返還に反対とし、二二・八％が再開発の条件付きで返還、一七・九％が無条件返還を希望していると回答した。実際に、三万二千人のうち二万九千人の地主が自主的に土地の契約更新を行っている。

一エーカー（六三センチ四方の土地）当たりの借地料は年間二万五千〜五万五千ドルで、日本政府は二〇〇六年度だけで軍用地料として総額七七九億七六〇〇万円（約七千万ドル）

を支出した。

また沖縄には、米軍から土地を奪い返すための一坪地主運動があり、この地主らはわずか一坪（三・三平方メートル）の土地を所有することで、土地の契約更新を困難にしている。日本政府はこうした一坪地主から土地を収用するため、時間と労力、費用をかけ複雑な司法手続きを行わなければならない。

✤環境問題――汚染、そのまま返還

沖縄においては、犯罪や日米地位協定だけではなく、全ての物事が政治につながっている。

基地周辺の自治体などがわれわれ米軍機の飛行や訓練に伴う騒音を監視し、意見の相違で批判の対象となることもあるが、米軍側の見解としてはSACOにおいて行われた協議に基づいていると判断している。

また在沖米軍基地では、各分野に精通した専門家の協力を得て、多様な環境および文化的資源の維持プログラムを実施している。特に環境保護については二〇〇人以上の米国人と五〇〇人の日本人が専門的な訓練を受けており、最新技術を駆使して赤土浸食の防止などに取り組んでいる。

県民の中には米軍優位の条件を備えたものとして、日米地位協定を疎ましく捉える者もいる。また、県民らは県における米軍の軍事（権限）拡大を警戒しており、これを阻止するため猛攻撃を仕掛けてくることもある。

基地内や返還地における汚染物資の除去や原状回復などの責任問題については、民間や政治的関心を寄せられるが、日米地位協定では土地はそのまま返還する取り決めになっている。

今後は、米海兵隊が原状回復してから土地を日本政府へ返還するよう要請を受ける可能性がある。

✣県内メディア――革新派に偏り

沖縄県民は一般的に平和主義者・反軍隊主義で、必ずしも反米ではない（反米的な活動家や作家などがメディアの注目をひくことはよくある）。

沖縄にある全ての軍隊の撤去と日米安保条約の撤廃を目指す反軍隊の政治思想は、革新派に偏ったメディアに支えられている。沖縄には一六のメディアがあり、記者クラブに属している。どのようにニュースが報道されるかは、記者クラブが集団的に決定する。その結果、米軍に対し、好意的でない偏向したニュースとなる。

沖縄の一般市民は非常に内向きな視点を持っているが、それは新聞の影響を受けている。県内二紙だけで毎日約三六万部の新聞が読まれており、本土紙は一万二千部だけである。県内二紙は内向きで視野が狭く、反軍隊のプロパガンダを売り込んでいる。県内二紙は、沖縄にとって米軍基地の存在が重荷であり、「沖縄問題」であるという沖縄の歴史解釈をしている。彼らは「市民の視点」からの報道だと主張しているが、これは世論感情をつかもうとしているのか。もしくは人為的に世論を動かそうとしているのか？

それに比べて本土紙は、国内および国際ニュースをより広い視野で取り上げ、報道はより良いバランスを保っている。一般的に本土メディアは、県内メディアより米軍に好意的である。

◆

以上が米海兵隊の「沖縄観」である。もはや、「何をか言わんや」だ。それは著名な文化人類学者が書いたと言われる『民事ハンドブック』と比べると、はるかに沖縄社会を曲解している。『琉球新報』の社説（二〇一六年五月二九日）は、「根深すぎる占領意識だ」

としてこう述べている。

「県民への敬意どころか、沖縄社会を見下し、差別と蔑視が網羅された文書に基づき、新人を研修していた。反省なきままに、事件が拡大解釈される温床にはこの県民蔑視がある。研修の検証を求めている県は、海兵隊の居直りを許してはならない」

こうした報道を受けて在沖海兵隊は、『沖縄タイムス』の質問に対して、「二〇一四年以前に使われた物と思われる」と事実関係を認めたが、「カリキュラムは二〇一五年一月に大幅改定されている」と釈明した（『沖縄タイムス』二〇一六年六月八日）。

第二章

中国の台頭とソフト・パワー

【シーサー点描】

（© 沖縄観光コンベンションビューロー）

沖縄の戦略的価値をみるためには、中国を分析することが必要だと考える。中国は東アジアで唯一の超大国であり、しかも日米両国の対中政策に相違があるからだ。台頭する中国、とくにそのソフト・パワー（軍事力、経済力以外の対外影響力で国際社会から信頼や発言力を獲得）に焦点をあてることは本書の予備的作業として必要であろう。その分析枠組みは、「パワー・シフト」論が妥当だと考える。

1．パワー・シフト論

『朝日新聞』（二〇一五年六月二八日）の社説「米中会談　力と力の競争力ではなく」は、中国の南シナ海における岩礁の埋め立てや施設の建設などを取り上げ、「新たな大国が台頭し、既存の覇権国との対立の果て紛争へと発展するパターン」が歴史上に何度も現れたことを指摘し、米中関係がそのような競争関係に陥らないよう呼びかけている。これは「パワー・トランジション」あるいは「パワー・シフト」（覇権の移行）の問題である。

この「覇権の移行」は三つの形をとると考える。

一つは、覇権戦争を経た「覇権安定論」である。この現実主義の立場は覇権戦争の必然性を指摘する。例えば、台頭する新興国の中国と、既存の覇権国のアメリカとの間にいずれ覇権戦争が起こる。そして新しい国際システムは勝者の下で安定する。

第二の「協争（協調と競争の造語）」関係は次の通り説明できる。中国は経済的にアメリカを追い越すだろうが、軍事力でアメリカを追い越せるかどうかは疑問である。中国がその政治体制や規範を変え、アメリカが打ち立てたリベラルな秩序と整合性をもつようになるとは考えられない。他方、中国が自由経済を変更するほどの大きな不満をもつとも言えないだろう。それで「協争」関係が続く。それは不安定な関係である。

第三は「覇権持続論」である。例えば、アメリカが経済的に衰退していくのは確実だとしても、台頭してくる中国はリベラルな国際秩序を背景に繁栄してきたのであり、このシステムは依然として健在である。中国など新興国家は既存の枠内での台頭である。それでこの枠を守っていく。

「覇権持続論」について私の念頭にあるのは、第二次大戦後にアメリカを中心にして確立された現行の国際秩序である。それで、それに詳しい国際政治学者のジョン・アイケンベリーに従って説明しよう。

《現行の覇権秩序は、そのヒエラルキー（秩序）が曖昧になってしまうほど全面的に制度化されており、政治的な相互作用の互恵プロジェクトに組み込まれている。この秩序は、半ばルールに基づく、開放的な覇権である。このような寛容な覇権構造には、パワーの行使に対する制度的な制約が存在する。その結果として構築された秩序は、パワーの基本的な分布をそのまま反映したものではない。これはアメリカの覇権秩序に反映されており、アメリカはそこで、第二次大戦後からその後の数十年間に、安全保障や政治や経済などの制度上の関係をつくりあげてきたのである。そのような制度上の関係が広がることで、パワーの明確な格差よりも規律があり相互に受容し得る秩序へと転換していったのである。》（ジョン・アイケンベリー〈細谷雄一郎訳〉『リベラルな秩序か帝国か　下』勁草書房　二〇一二年）

入手した最新の論考は中国の外交について、「米中関係の安定化を図りつつも領土問題で強行戦略を取り、同盟関係ではない『パートナー関係のネットワーク』の形成を通じて国際金融秩序の改革を促し、経済統合を促進しようとしている」と要約している（青山瑠妙「台頭を目指す中国の対外政策」日本国際政治学会編『新興国台頭と国際秩序の変遷』有斐閣二〇一六年)。

ここでは、手持ちの資料に基づいて分析を進めたい。

2. 中国の夢

かつて共産主義は豊かで平等、公平な社会を提供するという夢を人々に与えた。そして二〇世紀前半から一九五〇年代にかけて、世界にそうした夢を実現できるはずであったソ連、東欧諸国、中国などが相次いで誕生した。

しかし、社会主義は予想通りには機能しなかった。経済の低迷、特権階級の台頭、腐敗の横行、自由の抑圧、そして冷戦という厳しい環境も生まれた。そして一九九〇年を前後にソ連と東欧の社会主義諸国が相次いで瓦解していった。

中国でも政府に対する鋭い批判が公然と行われ、天安門事件という政治体制そのものを脅かしかねない動乱が発生したのである。それに対して最高実力者の鄧小平は、まず体制批判派を実力で抑圧して、愛国主義を全面的に打ち出すことによって国民のイデオロギー的統合を図り、さらに積極的に市場経済を導入して経済発展を実現させた。その延長線上にあったのが、二〇〇二年の第一六回党代表大会のメインスローガン「中華民族の偉大な復興」であった。

だが経済成長が鈍化し、腐敗や不平等も深刻化した。社会保障システムの脆弱性、言論・社会活動の抑圧など数々の矛盾が表面化し、人々の不満も累積されるようになっていった。そうした現実を痛感した習近平国家主席は、ことさら中国の未来に目を向けさせることに力を入れ、「中国の夢」の実現を強調したのである（天児慧『「中国共産党」論　習近平の野望と民主化のシナリオ』NHK出版新書　二〇一五年。白石隆、ハウ・カロライン『中国は東アジアをどう変えるか　21世紀の新地域システム』中公新書　二〇一二年。白石隆、川島真対談「習近平は真に強いリーダーか」『中央公論』二〇一五年一〇月号など）。

中国の「夢」とは何か。

ここでは、この「夢」が大々的に打ち出された当時の中国を体験したアメリカ人ジャーナリストのエヴァンズ・オブノフの著作『ネオ・チャイナ　富、真実、心のよりどころを求める一三億人の野望』（白水社　二〇一五年）から引用しよう。

《二〇一九年九月のある朝、孔子廟から拡声器を通じて耳をつんざくような音が聞こえてきた。次いで、ずっしりと重い鐘の音が響き、太鼓や笛もそれに続いた。古典からの章句を朗読する声もしてきた。この儀式は二〇分にわたって行われ、一時間後にも、また一時間後にも、さらに次の日にも繰り返された。かつて「さまよえる魂」と呼ばれた儒教は、さまざまな形でふたたび活発になりつつあった。

「心の空白」を何かで埋める必要性が認識された八〇年代以降、党はその「何か」を探し出さねばと決意した。革命や階級意識などという古ぼけたプロレタリア的美徳は時代遅れでしかなかった。指導者が求めていたのは、執政党にぴったりとはまる新たな道徳であり、自分たちを古代の中国文明と結びつける方途だった。中国は、新中間層のための道徳と政治を必要としていたのである。そこで党が着目したのは、シンガポールや台湾の華人コミュニティにおける儒教の復活だった。結局のところ、孔子は中国から生まれた道徳を象徴する存在であり、「国学」にしっかりと根差していたのである。北京では孔子の名誉挽回が行われた。》

他方アメリカのオバマ大統領は、二〇〇九年一月の就任演説で、グローバルな問題の解

決について、中国に協調を呼びかけた。当時のクリントン国務長官は、対中関係は二一世紀における「最も重要な二国関係」だと持ち上げた。そしてスタインバーグ国務副長官は二〇〇九年九月に「戦略的再保証」（中国の台頭は歓迎するが、その代わりに他国の安全と平和を認め、それを相互に再確認すること）という新たな提案を行った。スタインバーグは、古代アテネの歴史家ツキュディディスの言を引いて、中国に対して冷戦時の「ゼロ・サム」（何も残らない）の関係から「ウィン・ウィン」（ともに良好な）の関係になろうと呼びかけた（北岡伸一〈渡辺昭夫監修〉『日米同盟とは何か』中央公論新社　二〇一一年）。

ところがこの点についてアメリカで議論されていた時、二〇一二年一二月にコペンハーゲンで開催されたＣＯＰ15（国連気候変動枠組条約国第15回会議）で、アメリカの最善の努力にもかかわらず中国が横柄で粗暴にふるまったため、それがアメリカの中国に対する決定的な軌道修正の要因となった。これを契機に、オバマ大統領は、南シナ海やサイバー攻撃などで米中関係がより緊張した状態になるにつれて、中国の主張に次第に不快感を抱くようになった。

3. 米中で世界を仕切る「G2」体制樹立の挫折

中国は二〇一三年一一月、東シナ海への防空識別圏の設置を決めた。アメリカ側はすぐに爆撃機B52を東シナ海に入れ、識別圏を無視した。オバマ大統領は二〇一四年七月の米中戦略・経済対話の声明でも不快感を隠さなかった。「大国関係」という表現をかたくなに避け、「新しい形の関係」だけを使用した。

南シナ海では、ベトナム、フィリピンなどと係争中の島嶼において中国の強引な専有化が進められ、他のASEAN諸国、豪州、EUなども中国の強硬路線に強い懸念を表明するようになった。

とくに、二〇一四年五月三〇～三一日にアジア太平洋地域の国防大臣などが参加してシンガポールで開かれた第一三回アジア安全保障会議（シャングリラ会合）では、従来の雰囲気と異なって日米をはじめ豪州、ベトナム、タイの国防相らが、「地域の緊張を高める中国」に対して、深刻な懸念や国際法違反などと強く批判した。

その後もアメリカは、南シナ海で中国が埋め立てた人工島の一二五カイリ（約二二キロ）

内に、米軍の艦船が「航行の自由」を掲げて入った。そして二〇一六年六月初めの東南アジア諸国連合（ＡＳＥＡＮ）の特別外相会議とアジア安全保障会議でも、米中の対立が目立った。中沙諸島のスカボロー岩礁問題でフィリピンは、常設仲裁裁判所に仲裁手続きを求めていた。ところが中国は、「どんな判断も受け入れない」と明言した。

4．世界戦略の転換――ＡＩＩＢ（アジアインフラ投資銀行）とシルクロード経済構想

米中で世界を取り仕切る「Ｇ２」的な発想は崩れた。アメリカは、安全保障の面でアジア回帰戦略をとって中国をけん制した。尖閣諸島に関して日本に日米安保条約第五条の対象であることも言明した。

こうした米、日、周辺諸国の中国に対する警戒心が増大する中で、習近平国家主席は対外戦略を変えた。それが「一帯一路」（シルクロード経済構想）と呼ばれるものである。

この経済構想は、陸のシルクロード経済ベルト、海のシルクロードの二つから成る。陸のシルクロード経済ベルトは、狭西省の西安から中央アジア、中東のイラン、そしてトルコを経てロシア、欧州まで続く地域を指す。つまり、中央アジアを分岐点に①ロシアから

欧州、②中東沿岸地域を含む経済圏を陸続きで形成する。海のシルクロードは、福建省から東南アジアまで南下し、インド洋を経て、アフリカ、欧州へと続く地域をつなぐ。

この構想についてはさまざまな懸念が表明されている。例えば、経済評論家の長谷川慶太郎は、『中国大減速の末路』(東洋経済新報社 二〇一五年)で、「中国がＡＩＩＢを設立するのは、中国がインフラ投資を通じて、アジア諸国を取り込むためだと言われているがそれは間違いだ」とし、その原因は中国の高度成長を支えてきた、国家主導の「国土開発バブル」が完全に崩壊したことにあるという。そのため中国は、早急にこれまでの投資主導による経済路線を改めなければならなくなった。それで中国はＡＩＩＢの創設を急いだ。

つまり、「ＡＩＩＢによる融資で資金を手当てして、海外の開発やインフラ整備事業を、自国の過剰供給を裁く格好のはけ口」にしようということである。それは、追い詰められた中国が、「中国による、中国のための銀行」を作っただけだ。したがってＡＩＩＢは、「米国の金融覇権に対する中国の挑戦」などではない。また、「経済大国になった中国がアジアの途上国への影響力を高める」ための国際機関でもない。それは国内経済問題を解決するための「窮余の一策」だと批判する。

中国側の資料を用いながら「一帯一路」構想を好意的に分析している関志雄《かんしゆう》も、この構想が当面する課題を次のように指摘している（『中国「新常態」の経済』日本経済新聞出版社二〇一五年）。

まず、域内外の支持を得ることが困難である。中国は、米国、EU、そして日本との間で「一帯一路」における資源をめぐって利益の衝突が予想される。その上、ロシアやインドは、それぞれ、中国の中央アジアや南アジアへの進出を警戒している。

また、対象国は発展段階や、文化などの面で大きく異なっており、経済統合の求心力が弱い。各国が実施している高関税も、国境を超える貿易の妨げとなっている。

さらに、中国は、一部の対象国との間で領土や領海の問題を抱えている。とくに南シナ海と、中印の国境地域において、緊張が続いている。

関は最後に、投資に伴うリスクが高い、という。一部の紛争地域を含め、対象国の多くは政治、経済、社会の面において安定していない上、道路や港湾などのハード面のみならず、法律や税制といったソフト面でのインフラがまだ整備されておらず、改善を待たねばならない。

しかしＡＩＩＢの設立をはじめ、「一帯一路」戦略の展開はこれから本格化するのである。まず、中国は二〇一四年後半にギリシャ問題に苦しむＥＵへ財政支援を通した影響力の拡大を図る意向を示した。さらに二〇一五年一月に「アフリカ連合（ＡＵ）サミット」が開かれ、ケニヤのナイロビで終わっていた「一帯一路」のシルクロード構想を、ナイロビからさらにアフリカ各国の首都に輸送インフラを延ばしていくという。電源開発関係のインフラ企業などもアフリカ進出で活発化している。アジアにおいても、パキスタン、ラオス、カンボジアなど親中国的な国を手始めに、着々と経済の影響力を強めている。

二〇一五年一一月二日、フランスのオランド大統領が訪中し、習国家主席と会談した。習は一〇月の訪英に続き、ドイツのメルケル首相を迎えたばかりであった。「欧州重視」を打ち出すのは、対立を抱える日米などへの牽制に加え、経済・環境など実利を重んじる習指導部の外交姿勢を示す狙いがあるからである（『朝日新聞』二〇一五年一一月三日）。

一一月末にパリで始まった国連気候変動会議（ＣＯＰ21）を前に、中仏両首脳は気候変動に関する共同声明を発表した。この声明は、①ＣＯＰ21で野心的かつ法的拘束力のある合意を目指す、②ＣＯＰ21の決定事項の実施状況を五年ごとに検証する、③中仏は五年以内に二〇五〇年までの低炭素社会の発展戦略を示す、などとしている。

習国家主席は記者会見で共同声明について、「ＣＯＰ21成功への中国の努力と決意の表れだ」と議長国フランスを支える姿勢を前面に出し、オランド大統領は、「中国の支持は重要な意味を持つ」と感謝を表明した。そして原発や環境技術、物流などの分野で契約を結んだ。

こうした中国の動きに対して国際政治学者の白石隆はかなりさめた分析を行っている。「二一世紀型の朝貢システムが復活するか」について白石は否定的である。そこには「中国の政府がいかに『尊大』であっても、結局のところ、周辺の国々と人々がみずからの経済的利益を優先する、その結果、中国を中心とする事実上の序列ができる、という思い込み」が中国側にある。現行のリベラルな国際秩序が世界的に再編され、形式的不平等と序列を一般原則とする二一世紀型朝貢が復活するとは考えられない。例えば二〇一四年、李克強首相がイギリス訪問の際、エリザベス女王との会見を強く要求し、その実現のため、二・四兆円規模の商談をイギリス企業とまとめた。こういう大国主義と札束外交では中国中心の国際秩序は作れない、と手厳しい（白石隆『海洋アジアvs.大陸アジア』ミネルヴァ書房　二〇一六年）。

しかし日米が中心のアジア開発銀行（ＡＤＢ）は、ドイツ・フランクフルトで五月五日まで開かれた年次総会で、ＡＩＩＢとの連携を発表した。この連携でＡＩＩＢは、パキスタンでの道路建設にＡＤＢと協調融資することで合意した。

◆ＡＤＢとＡＩＩＢ

	ＡＤＢ	ＡＩＩＢ
発足時期	一九六六年	二〇一五年
本　部	フィリピン・マニラ	中国・北京
総　裁	中尾武彦（元財務相財務官）	金立群（元中国財務次官）
資本金	一四七一億ドル	一〇〇〇億ドル
加盟国	六七カ国・地域	五七カ国
上位出資国	日本（一五・七％） 米国（一五・六％）	中国（二九・八％） インド（八・四％）
格付け	ＡＡＡ	？？？

（『朝日新聞』二〇一六年五月七日、一一月一日より）

ＡＩＩＢは資本金ではＡＤＢに匹敵する規模を集めたが、人材面では専門職員が約一一〇〇人いるＡＤＢに対し、ＡＩＩＢは約七〇人。副総裁に世界銀行の出身者を当てるなど、幹部人材も「引き抜き」に頼っているという。ＡＤＢの格付けは最高のトリプルＡだが、ＡＩＩＢはまだ格付けが取れていないということも背景にある。

他方、ＡＤＢにとっても提携のメリットは少なくない。例えば、ＡＩＩＢとの協調融資で、ＡＤＢの審査基準を守らせることもできるし、ＡＩＩＢの参加でより大きなプロジェクトもできるようになる。日本はインフラ輸出を成長戦略の柱の一つに掲げており、ＡＩＩＢが「中国による中国のための銀行」にならず実務に徹するなら、協力関係は日本にとっても利点が多い。

先に見たように、日本は米国とともにＡＩＩＢを警戒してきた。しかしＡＩＩＢとＡＤＢが接近する中で日本側にも変化が表れている。日本の財務省は「未来永劫、（ＡＩＩＢに）絶対に入らないというわけではない。懸念がクリアされれば、中国や米国との関係を含め、あとは総理が判断される」と言う（『朝日新聞』二〇一六年五月七日「対ＡＩＩＢ戦略に変化」）。

こうして中国外交は転換期を迎えている。それに伴って「ソフト・パワー」に対する関心が高まっている。

なおＡＩＩＢとＡＤＢ両方に加盟しているのは、中国、イギリス、フランス、ドイツ、インド、フィリピンなど四二カ国である。

5．中国のソフト・パワー

ソフト・パワーに対する中国の関心は高いと言われる。中国の研究者は、ソフト・パワーを適切に行使できなければ、いかに強力なハード・パワーでも損なわれると論じている（アーロン・フリードバーグ〈佐橋亮監訳〉『支配への競争　米中対立の構図とアジアの将来』日本評論社　二〇一三年）。

念のため、まずはソフト・パワーを定義しておこう。

元米国防次官補ジョセフ・ナイによると、ソフト・パワーは三つの基本的な資源に大きく依存する。その国の文化（相手国で魅力的だと思われている場合）、政治的価値観（その国が国内外いずれでもそれにしたがって行動している場合）、外交政策（他国から正当で倫理的に正しいとされている場合）である。かっこ内の条件は、潜在的なソフト・パワー資源が、魅力的ある行動で変換され、相手に影響を与えて望む結果が得られるかどうかの決め手となる。ソフト・パワーでは、相手がどう考えるかがとくに重要であり、相手が行為主体と同じく重要である。魅力と説得は社会的に構成される。ソフト・パワーは、いわばパートナーを必要とするダンスなのである（ジョセフ・ナイ〈山岡洋一・藤島京子共訳〉『スマート・パワー　21世紀を支配する新しい力』日本経済新聞出版社　二〇一一年）。

中国のソフト・パワーは二つの特徴の組み合わせから説明できる（以下は、天児慧「中国の台頭と対外戦略」天児慧他編著『膨張する中国の対外関係』勁草書房　二〇一〇年に拠る）。

第一は構造としての円錐《えんすい》型、同心円型に広がる権威主義的階層型秩序である。その権威の階層性を創りだすものは「文化」（儒教思想）の体得の度合いである。「文化」をもっとも体得した人物こそ天子（皇帝）であり、次いで中央の官僚群、官僚予備軍（読書人、地方名士など）、一般漢人庶民（ここまでが「華」）、そしてその下位周辺に中華文化を享受しない野蛮な人々（略）が存在するといった文化階層構造、すなわち華秩序である。ここでのポイントは西欧的な国境がなく、天子の統治は末広がり的に無限に広がっていく天下としてとらえられる。

第二の特徴は、秩序形成における非法制性と主体の重層性である。秩序形成に関する儒教の有名な言い回しとして「修身・斉家・治国・平天下」がある。そこには各人・家・国・世界とアクターを重層的にとらえ、法や制度の体系ではなく修養、教化による秩序形成がポイントになっている。そして天子の理想的な統治は、武力によって統治する覇道と対照的に、文化による教化、徳・仁による統治であり、それを王道政治と呼ぶ。

しかし問題は、価値の基準を儒教的価値観においていること、しかもそれを基準に上下関係を重んじる権威主義的思考を強く残していることである。

中国はソフト・パワーを欠いているという指摘は多い。アメリカの政治学者デイビッド・シャンボーによると、中国の政治システムを手本にしようという外国はないし、文化に普遍性はなく、中国の経済的な経験はない。それでも中国政府は国の国際的イメージを向上させようと、多元的で多国間の取り組みに莫大な資源をつぎ込んでいる。しかし今のところ、その努力はあまり報われていない。

さらに、中国はきわめて狭量で自己中心的で現実的な国家で、国益と力の最大化のみを追求している。グローバル・ガバナンスや行動の世界的規範の徹底にはほとんど関心がない（自国にとって極めて重要な内政不干渉の原則は除く）。経済政策は重商主義的で、外交は受け身だ。中国はさらに戦略上も孤立しており、同盟国がない。世界中ほとんどの国との間に相互不信があり、関係がぎくしゃくしている。同時に、中国は定期的に、状況に不満で、苛立ち、被害者意識を持ち、怒っている国の顔になる。過去に自分たちにひどいことをした国、あるいは現在揉めている国に対して償いを要求する。これではソフト・パワーが育つはずはない（デイビッド・シャンボー『中国グローバル化の深層』朝日新聞出版　二〇一五年）。

要するに、中国はアジアではアメリカに対抗できるだけの軍事力を持ちつつあるが、まだグローバルな「正当性」（ソフト・パワー）を持ちえないという点で、米国にチャレンジするだけの能力はない。中国は、既存の秩序の恩恵を受けながら、中国主導の新たなルール作りを模索している。しかし、中国が既存の海洋法のルールは、西洋列強が押しつけたものだから中国はそれに拘束されないと言ったところで、その主張が世界中で通用するわけではない。ここが「世界の警察官」として受け入れられてきたアメリカとの違いだ。要するに、ソフト・パワーの面で、中国はアメリカにはるかに及ばないのである。

白石隆とハウ・カロラインは、中国の台頭に伴うパワー・トランジション（権力移行）について、さきに述べたアイケンベリーの立場を取っている（前掲書『中国は東アジアをどう変えるか　21世紀の新地域システム』)。

第一に、中国がいかに台頭しても、中国がこの地域において圧倒的な力を持つヘゲモン(覇権国)として登場することはなかなか考えられない。これから一〇～二〇年で、中国の経済規模は購買力平価(二つの通貨がそれぞれ自国内で商品・サービスをどれだけ購買できるかという比率)で見れば、アメリカを凌駕《りょうが》するだろう。しかし、それでも、アメリカとその同盟国、パートナー国が東アジアについて自ら新しいルールと制度を作り、それを周辺の国々に押し付けることができるとは思えない。そこで注目すべきは、アメリカが長期的にヘゲモンとして、東アジアの平和と安全に関与する意思と能力を持ち続けるかどうか、またそのリーダシップの下、この地域の国々が「動的均衡」維持のため連携できるかどうかにある。

第二に、「海のアジア」と「陸のアジア」の勢力配置は確実に変わる。海のアジアは、中国にとって、一九世紀半ばまで、極めてマージナル(周辺的)な意義しか持たなかった。海のアジアが中国の脅威となったのは一九世紀半ば以降、二世紀足らずのことで、二一世紀初頭の現在、海のアジアは「アメリカの海」となっている。しかし、中国は、海のアジアにおける力の投射能力を高めつつあり、その行動も近年、ますます一方的となっている。

この緊張はこれからも続く。また、それにともなって、予期しないかたちで紛争が暴発する可能性も大きくなる。一方、中国は、高速道路、高速鉄道、港湾施設等のインフラ整備によって、静かに、しかし不可逆的なかたちで、その影響力を国境を越えて周辺に、また内陸から沿岸部に広げつつある。同じことは、北朝鮮、パキスタンについても言える。これは中長期的に、アジアの地政学・地形学的条件を大きく変える可能性をもっている。

そして第三に、今日の国際秩序においては、かつての朝貢システムの時代とは違って、国際関係においても。それ以外の領域においても、形式的平等と自由・公平・透明性・法の支配の原則が広く受け入れられている。そうした規範とその上に成立する制度は、近年のグローバル化とそれに先立つ一世紀以上にわたる「アングロ・サクソン化」によって、英語を「世界語」としつつ、地理的にますます広く、また人口的にますます多くの人々に共有され、支持されるようになった。そういう時代に、中国の台頭によって、世界的にはもちろん、東アジアにおいても、形式的不平等と序列（ヒエラルキー）を一般原則とする、二一世紀型朝貢システムが復活する可能性は限りなくゼロに近い。

それにもかかわらず、中国はかなり意識的にソフト・パワーの推進を試みている。例えば、中国共産党の二〇一〇年の年次総会で採択された政策綱領には、「文化体制改革を深化させ、社会主義文化の大発展、大繁栄を推進させることについての若干の重大問題に関する決定」が含まれていた。それは「文化発展とソフト・パワーの主導権を握る者はみな、国際的な競走力を得るだろう」と締めくくっていた。

それにしたがって中国は、世界的なソフト・パワーのために膨大な資金をつぎ込んでいった。例えば、外国における孔子学院の設置（四〇〇カ所以上）、中国語の普及、中国の魅力を伝えるためのプロモーション・ビデオ、中国メディアの海外展開（『チャイナ・デイリー』の無料配布など）である。

儒教の復活を推進する者は、儒教によって西洋の「利己的な哲学」から国を守ることができると主張し、孔子の生誕地である山東省曲阜《きょくふ》をエルサレムになぞらえた。孔子が生まれたとされる洞窟の近くには、総工費八五億元というテーマパークの建設が始まった。計画によれば、自由の女神と同じ高さの孔子像が建てられる予定だという。曲阜は「東方聖地」として知名度を高めようとしている。

しかし、こうした努力の効果はあまりない。イギリスのフィナンシャル・タイムズ紙の記者ジェフ・ダイヤーは、「法の支配に根ざした政治体制を実現しない限り、中国は外国からの敬意をなかなか得られず、その経済力を本当の影響力に転じていくことも叶わないだろう」という。そして「その点が最も明快に表れるのが、国内政治とソフト・パワーとの関係だ」として、次の通り述べる。

《政府が著名な市民の一部に対してひどく敬意を欠いた扱いをしている間は、中国が本当に尊敬されることはないだろう。しかし世界の経済活動における中国の役割は、その政治とも結びついている。準備通貨の地位とはつまるところ、信頼と信用の問題だ。大きな経済を持つことは大切だが、必要にして十分な条件ではない。世界の中央銀行がある通貨に大きく投資するためには、そうした重大な決定を下せるだけの高度な信頼がなければならないが、それは中国にはまだ提供できないのだ。

人民解放軍にも同じことがいえる。中国の軍備増強は常にアジアの隣国の強い疑念をかきたててきたが、中国の政治体制の閉鎖的な不透明さがその緊張に拍車をかけている。

軍事支出の不透明さ、中国の長期的、戦略的な目的に関する議論の欠如、人民解放軍が国内で置かれているどっちつかずの地位などのせいで、疑いが生じるのは避けられない。

こうした不確かさがあるために、近隣の国々はいまだに不明瞭な中国の意図よりも、その急な勢力の拡大の方に反応せざるを得ないのだ。過去数年にわたって中国は、領土に関わる主張を推し進める上での小さな戦術的勝利を得て満足してきたが、その過程ではるかに大きな不信の種をまきちらしてもきた。》（ジェフ・ダイヤー『米中 世紀の競争』日本経済新聞出版社 二〇一五年）

要するに、中国の危うい国内政治状況とナショナリズム的な怒りとがあいまって、永続的な影響力を及ぼせるような関係を他の国々と結ぶ力を損なっているのである。

中国のソフト・パワーについて決定的だと思われるのは、元朝日新聞主筆で日本再建イニシアティブ理事長・船橋洋一の「中国は、成長するにつれて自分たちのルールを世界に課そうとしている、という指摘があるがどうか」という質問に対する、北京大学国際関係学院院長ワン・チースーの以下の答えである。

《私が生きているうちは可能性はないでしょう。中国が世界を支配しようとしているという人は、中国国内の課題を十分考慮しているとは思いません。格差や環境悪化は中国の成長にとって深刻な問題です。多くの途上国と一部の先進国は中国を称賛しています。しかし、実際にどれだけの国が中国の経験から学ぶでしょう。「中国の経験」は独特です。

「中国の経験」という時、中国の経済の奇跡は、効率的で中央集権化した強大な政府と共産党の指導部なしには生まれなかったということが重要です。その特性も念頭におかなければなりません。

そのほかにも、中国が台頭した要因には、文化遺産、国の広さ、人口といった特徴もあります。例えば、中国は無限の低賃金労働者を供給できます。他国がいわゆる中国モデルから学ぶとすれば、こうした中国の特徴を考慮しなければなりません。学びたいというのは簡単ですが、実際にどれだけ学べるかは全く別のことです。》（船橋洋一『新世界　国々の興亡』朝日新聞出版　二〇一〇年）

中国のソフト・パワーを論じるに当っては、より本質的な問題、すなわち「中国」とはなにかを問う必要がある。

中国古代思想・宗教史を専攻する葛兆光《かつちょうこう》の岩波現代文庫『中国再考　その領域・民族・文化』（辻康吾監修・永田小絵訳　二〇一四年）は、中国の歴史に関する私の知識をはるかに超える。それで監修者・辻の「解説」部分から、本書にとって参考になる部分を抜き書きすることにする。

《当たり前のように使われている「中国」とはなにか。その領域、民族、文化について多少なりとも真剣に考えると、たちまち大きな困惑に陥る。それほどに中国の時間的、空間的存在は巨大、かつ錯綜し複雑である。本書はこの「中国」と呼ばれるものを再考し、「中国」像再建の前提を明らかにしようとするものである。（略）本書では他の世界とは異なる中国のもつ特殊性から来る多くの課題が提起されている。それらを前提に二十一世紀初頭の現在の中国を考えてみたい。

まず「中国の領域」について著者は「変化する中国」という言葉で「中国」とされる領域が拡大、縮小、分裂を続けてきたことを指摘し、その領域について歴史上のある時期の領域を以て現代中国の領域を説明すべきではなく、また現代中国の領域を以て「中国」の歴史的領域に遡らせてはならないとしている。と同時に伝統的な「大至無辺」（広大無辺）な天下観念を抱きながらも、宋代には国境を設け、他国と対等な貿易関係が結ばれるなど、ある意味では時代的には後になって西欧で形成される民族国家的な国家形態が現れたものの、その後の元朝、清朝の異民族による征服王朝が登場したことによって再び「天下」と「国家」が不分明のまま近代に至ったとしている。

「中国の民族」についても、長い歴史の過程で多様な民族の競合、混在、融合が繰り返されながら完全に融合することなく現在の多民族国家となった。観念的にはともかく、単一民族としての「中国（中華）民族」なるものは実体としては存在せず、今なお域外の民族にも及ぶ多くの問題が残されている。

そして「中国の文化」も同様に、多様な文化が融合、交雑したものであり、これを特定の時期、民族のものだけに固定し、敷衍することはできないとしている。にもかかわらず古代から常に漢族を中心に大きな求心力をもつ一つの「中国文化圏」が形成、継承されてきたことが強調されている。この中国文化の内実は多様であり、多元的でありながらもその中心地域はほぼ変わらず、「中国」と他地域とはあい異なるものとして存在してきた。しかしそれは今日、中国国内、あるいは海外の一部で主張されるような儒教による単一文化ではなく、多くの文明、文化との接触を経て、とくに近代以降に流入してきた海外文明をも含めて変動を続ける文化なのである。（略）

つまり、「領域」については隣接諸国を近代国家として国境協定を結びながら、同時に当面の尖閣諸島、南シナ海、中印国境の紛争のみでなく、「固有の領土」、「核心的利益」という曖昧な言葉で領有権（というより武力使用をも含めた権威圏）の回復を主張する中国の姿勢には多くの国々が疑念を抱いている。現在の中国の領域が基本的に多民族・征服王朝としての清朝の版図を継承するものであり、さらに歴史的情念として歴代中華帝国への執着、広大な中華帝国の夢の復活を願う向きもあるようだ。（略）観念の中での国境がない帝国から、現在の国境をもつ近代国家群の一員への転身がなお完成していないようである。

そして著者が本書末尾で、中国文化が世界文明と適合できなければ、「大変面倒なこと、つまり『天下』観念が激化され、『朝貢』イメージを本当だと思い込み・『天朝』の記憶が発掘され、おそらく中国文化と国家感情は逆に、全世界的文明と地域的協力に対抗する民族主義（あるいは国家主義）的感情となり、それこそが本当に『文

明の衝突』を誘発することになるであろう」と述べているような危機の到来が危惧されている。（略）》

第三章

アメリカの対中政策と安倍外交

【シーサー点描】

（© 沖縄観光コンベンションビューロー）

1. アメリカのアジア・太平洋リバランス

南シナ海における主権、領土をめぐって中国と対立している東南アジア諸国では、警戒心が高まっている。それに応じてアメリカは「リバランス」、つまり軍事的な重心をアジア・太平洋に移している。そして日米同盟を基軸としたハブ・アンド・スポーク・システム（日本、韓国、フィリピン、オーストラリアなどが、それぞれアメリカと安全保障を締結する仕組み）が相次いでネットワーク化している。

しかし、ここで強調しておくべきことは、アメリカは中国を封じ込めようとしているのではないということである。前章で、中国の南シナ海における人工島の一二五カイリ内に、アメリカ軍の戦闘能力のある駆逐艦が「航行の自由」を掲げて入ったことに触れたが、アメリカは中国の「封じ込め」を狙ったのではなかった。それはアメリカが極めて慎重に行動したことに示されている。

通常、アメリカの艦船は艦隊として行動するので、一隻でというのは異例である。アメリカは闘いを仕掛けるという意図を明確にした上で、事態をエスカレートさせない形で政治的な意思を示す方法を選んだ。それに対して中国側も、安全な距離を追走するなど、武力攻撃を避ける対応をした。双方とも抑制的であったのである。

これと同じことは、次の報道にも見られる。

米国防総省は一八日、アメリカと中国の海軍艦船が近く中国沿岸で合同演習を実施することを明らかにした。捜索・救助活動に関する演習で、米中両軍は今月上旬にも米フロリダ沖の大西洋上で合同訓練を実施しており、軍事交流を通じ、両国の海上の不測の事態を回避する狙いがあるとみられる。合同訓練に参加するのは米海軍のミサイル駆逐艦ステザムである。同艦が上海を親善訪問した後、演習に参加する。米海軍は一〇月下旬。南シナ海で中国が埋め立てた人工島から一二カイリ内に駆逐艦を進入させ、「航行の自由」作戦を実施した。中国側は反発したが、演習を通じて相互理解を深めようとしている（『朝日新聞』二〇一五年一一月二〇日）。

米ソは冷戦時代、突発事故にどう対応するかについて暗黙の了解をつくり、軍艦や航空機の接近などの行動が持つ意味を共有していた（例えば一九六二年のキューバ・ミサイル危機）。米中もこの「対立の作法」の共有を目指していると言えよう。

要するに、アメリカは安全保障面では中国に対して厳しい姿勢を取り、中国が勝手に国際ルールを作るのは認めないが、他方では、中国とともに安全保障上の新しい枠組みを作ろうとしているのである。

さらに言えば、二〇〇九年四月、オバマ大統領と胡錦濤国家主席は、戦略経済対話を創設した。その「戦略トラック」でアメリカは論点として、核兵器の近代化、宇宙、サイバー空間と海洋安全保障を提案し、中国側はサイバー空間と海洋安全保障を選定した。オバマ政権は、必要な専門知識を得るために文官だけではなく、制服組の軍事官僚の参加を求めた。

二〇一六年六月初めに開かれたアジア安保会議で、中国軍の孫建国・中央軍事連合参謀副参謀長は演説し、南シナ海での軍事拠点化の動きを強く批判するアメリカなどに対して対抗措置をも辞さない、という強い姿勢を示した。そして米軍が計画する在韓米軍への地対空の高高度迎撃ミサイル・システム（ＴＨＡＡＤ）の配備にも、「断固反対する」と語った。

しかしその翌日に北京で開催された「米中戦略・経済対話」で習近平国家主席は、米中が鋭く対立する南シナ海問題など、「しばらく解決できない問題もあるが、相手の立場を考え、実務的・建設的な態度で管理を強めなければならない」と述べ、アジア・太平洋地域での米中協力の必要性を強調した。そして米中間の係争は認めた上で、「大局を見て協力すれば両国関係は発展できる」と述べた。

このような対話はすぐに具体的な合意をもたらすのではないだろうが、それを積み重ねていけば、相互信頼が醸成されよう（マイク・モチヅキ「米国の安全保障戦略とアジア太平洋へのリバランス」遠藤誠治編『日米安保と自衛劇』岩波書店　二〇一五年。「アジア安保会議」と「米中戦略・経済対話」については『朝日新聞』二〇一六年六月六〜七日を参照）。


アメリカは中国との経済関係・連携をより一層緊密化し、多くの枠組みがつくられている。それがアメリカの国益にもなるし、実際、中国との経済対話はかつてないほど緊密に行われるようになっている。

オバマ大統領の対中政策は、「関与とヘッジ（保険をかける）」とも言われる。その基本的な考え方は、中国がアジアの現行秩序を受け入れ、国務副長官を務めたロバート・ゼーリックの言う「責任あるステークホルダー（利害関係）」（responsible stakeholder）として行動するよう関与し、インセンティブ（刺激）を与える。しかし、同時に、中国がアメリカ主導の秩序に挑戦することのないよう、いろいろ保険をかけておく。関与とヘッジの按配《あんばい》については、時々変化する。

中国もアメリカとの対話を重視している。例えば、王毅外相は二〇一六年三月八日の記者会見で、南シナ海問題などで対立が深まるアメリカとの関係について、「摩擦や意思の違いを協力に変える努力をしなければならない」と述べ、対話を重視する考えを強調した。王外相は「中国にはアメリカにとって代わろうという意思はない」と重ねて表明し、「衝突せず、互いに尊重し合う関係が双方の利益に合致する」と、協力拡大を呼びかけた（『沖縄タイムス』二〇一六年三月九日）。

当然のことながら、アメリカは日韓関係の悪化を懸念している。例えば、二〇一五年一〇月一六日に開催されたオバマ・朴昼食会に向けて、ラッセル国務次官補（東アジア・太平洋担当）は、「日韓の協力はアメリカにとって戦略的優先事項だ」と期待を示し、米韓首脳会談で日韓関係の改善が主要なテーマの一つになると強調した（『朝日新聞』二〇一五年一〇月一七日）。

アメリカにとって日韓はともに緊密な同盟国で、アジアを重視するリバランス政策の要である。北朝鮮の核・ミサイルへの対処や、南シナ海などで実効支配を強める中国に対する抑止の面でも、日米韓の結束は欠かせないのは言うまでもない。

こうした警告や要請に、安倍政権はどう対応しているだろうか。これは極めて重要な問題である。というのは、安倍政権が適切に対応しているようには思えないからである。それで次節では、安倍外交を取り上げることにする。

2. 安倍外交

(1) 日本会議と安倍政権

安倍政権は「日本会議」の影響を色濃く受けていると言われる。詳細は参考文献（菅野完『日本会議の研究』扶桑社新書 二〇一六年、上杉聡『日本会議とは何か』合同出版二〇一六年など）を見ていただき、ここでは要約するに止める。

日本会議の目指すのは、次の六点である。

①皇室を中心と仰ぎ均質な社会を創造すべきではあるが、②昭和憲法がその阻害要因となっているため改憲したうえで昭和憲法の副産物である行き過ぎた家族観や権利の主張を抑え、③靖国神社参拝等で国家の名誉を最優先とする政治を遂行し、④国家の名誉を担う人材を育成する教育を実施し、⑤国防力を強めた上で自衛隊の積極的な海外活動を行い、⑥もって各国との共存共栄をはかる。

日本会議が展開する広範な国民運助の推進役を担っているのは、日本青年協議会である。その会長であり日本会議事務局長も、安倍総理の筆頭ブレーンの日本政策研究センターを率いる伊藤哲夫も、生長の家学生運動の出身である。現在の生長の家は、三代目総裁・谷口雅宣のもと過去の愛国宗教路線を放棄し環境主義的な方向転換をしている。

この路線変更に異を唱える人々が、「生長の家原理主義」ともいうべき分派活動を行っている。「谷口雅春先生を学ぶ会」が生長の家原理主義の中心団体であり、学ぶ会には稲田朋美などの安倍首相周辺の政治家をはじめ、百地《もも ち》章（国士舘大学客員教授）、高橋史郎（明星大学教授）など保守論壇人が参加している。

（2）戦後レジームからの脱却

安倍首相の考え方（戦後レジームからの脱却）はきわめて明快である（安倍政権の全体像をよく示しているのは『琉球新報』の特集記事〈二〇一五年一二月一九日〉である）。

戦後日本の枠組みは憲法から教育基本法まで連合国軍の占領時代につくられたもので、その内容は日本が二度と大国とならないようにすることであった。それで自主憲法の制定によって真の独立を回復すべきだ、ということである（安倍晋三『新しい国へ　美しい国へ完全版』文春新書　二〇一三年、朝日新聞取材班『この国を揺るがす男―安倍晋三とは何者か』筑摩書房　二〇一六年などを参照)。

より詳しく言えば、「戦後レジーム」とは、ポツダム宣言に基づく「ポツダム体制」のことである。「ポツダム体制」とは、占領開始から「米ソ冷戦」が始まる一九四八年まで続いた。この占領前期には、日本を敵視し、弱体化させる政策が行われた。この間に憲法と教育基本法が制定された。

冷戦とともに始まった占領後期には、アメリカなどの自由主義陣営は、前期の日本敵視政策を変え、日本を反共の同盟国とすることになった。この政策は一九五一年の「サンフランシスコ体制」に引き継がれ、日米安保条約の締結と自衛隊の創設につながっていく。

この流れに沿って安倍首相は、「ポツダム体制」でできた憲法改正を訴え、教育基本法を見直した。そして集団的自衛権の解釈を変更した。重要なので、安倍首相の著書(『新しい国へ　美しい国へ完全版』)から引用しておく。

《日米安保条約第五条が、日本の施政下にある地域が攻撃を受けた際には、共同対処する旨が記されています。つまり米国の兵士は、日本のために命を懸けることになっています。では仮に尖閣海域の公海上を米軍の船と海上自衛隊の船が航行している際に、米国の艦船が攻撃を受けた際、自衛隊はこれを救出できるのか。集団的自衛権の行使を認めない限り、答はノーです。

また、集団的自衛権は、「日本を取り戻すため」に必要である。それはアメリカに「従属することではなく、対等になる」ことである。》

はたしてアメリカ兵は日本防衛のために「命を懸ける」だろうか。そして「日本が対等になる」ことをアメリカは望んでいるのだろうか。

（3）安倍批判

日本研究で著名なアメリカの歴史学者ジョン・ダワーは、安倍政策を激しく批判する。安倍首相のような保守的な政治家や新国家主義者たちが、謝罪を根底から蝕み、戦争の記憶を愛国主義的な歴史運動に利用しようと絶えず画策している。こうしたことが日本のイメージと評判を悪くしていることはいくら強調してもしすぎることはない、という。

オーストラリアの歴史学者ガバン・マコーマックも、二〇〇六年から〇七年にかけて政権の座にあった安倍晋三が、二〇一二年の暮れに再び総理になると安倍内閣の閣僚のほとんどは、明るい日本を作るため、正しい歴史を伝えると標榜する「日本の前途と歴史教育を考える国会議員連盟」や、「神道政治連盟国会議員懇談会」などの政治団体のメンバーだということが判明したことを指摘する（ジョン・ダワー、ガバン・マコーマック〈明田川融、吉永ふさ子訳〉『転換期の日本へ』NHK出版新書　二〇一四年）。

安倍外交は対米追従だという批判もある。しかし、ここで注意すべきことは、安保法制の改訂はアメリカの圧力というよりも、日本から積極的に変更を追求してきたことに注目すべきだ。安倍外交には対米自立を模索する面もある。私は第一章でこの点を指摘した。この日本外交の独自の積極性こそ、安倍外交の特徴ではないか。

先に述べたように、安倍首相は、日米安保条約はアメリカの若者が日本を守るために命を懸けることを定めているという。はたしてそうだろうか。

この疑問は、二〇一六年七月七日に『琉球新報』で報道された、ワインバーガー元米国務長官が米上院歳出委員会に提出した「書面証言」（一九八二年四月）から生じた。「書面証言」とは、証言に先立って提出される文書による証言のことである。この証言でワインバーガーは、在沖米海兵隊任務について次の通り述べている。

「沖縄の米海兵隊は日本防衛の任務に割り当てられてはいない。彼らはそれよりも、米海軍第七艦隊の即応部隊として構成し、第七艦隊が日常的に作戦運用する西太平洋とインド洋のいかなる場所にも展開する可能性がある」

いま海外への派兵をめぐって日米は、オバマ政権が後ろ向き、安倍政権は前向きと、戦後初めての特異な状況にある。

二〇一四年七月、安倍政権は憲法解釈を変更して、集団的自衛権の行使容認を閣議決定、日本から求めて、アメリカとの新日米防衛協力のための指針（ガイドライン）の交渉を開始し、二〇一五年四月に合意した。集団的自衛権の行使容認で日米同盟を強化し抑止力を高める、というのが安倍首相の持論であり、その線に沿って新ガイドラインを目指すものとみられた。ところが日本が攻撃を受けた際の米軍の関与が消極的となっている。日本防衛は第一に自衛隊の責任であり、在日米軍は直接関与しないという内容になっているのである。

この点について元通信社記者の春名幹男（早稲田大学大学院客員教授）は、新ガイドラインの英語版と日本語版の比較を通して、重要な指摘を行っている。

新ガイドラインでは従来通り、「日本に対する武力攻撃」が発生した場合、米軍は自衛隊を支援し、「補完する」と何度も指摘されている。しかし、英語版文書で使われた言葉が一九七四年から二〇一五年の間に変化した。英語版で使われているのはcomplementaryで、complement（補足して完全にする）という動詞の派生語である。訳語はまさに、読んで字のごとく意味が通る。日米が相互に補い合って完全にするという意味である。

ところが二〇一五年の新ガイドラインでは、「米軍は、自衛隊の作戦を支援し及び補完するための作戦を実施する」と使われているが、その場合の「補完」は英語版文書ではsupplementが使われていた。「補う」「補足する」にとどまり、「完全にする」という意味は含まれていない（春名幹男『仮面の日米関係―米外交秘密文書が明かす真実』文春新書二〇一五年）。

その他に安倍首相を批判するものとして、柿崎明二『検証安倍イズム―胎動する新国家主義』岩波新書　二〇一五年と半田滋『日本は戦争をするのか―集団的自衛権と自衛隊』岩波新書　二〇一四年がある。後者は、二〇一二年四月に自民党が発表した「憲法改正草案」を取り上げ、「現行憲法の特徴である『国民のための権利や自由を守るための国家や為政者を縛るための憲法』は『国民を縛るための憲法』に主客転倒している」と批判する。

また、宮城大蔵・渡辺豪『普天間・辺野古　歪められた二〇年』集英社新書　二〇一六年では、二〇一五年に改訂されたガイドラインでは、自衛隊が尖閣などの島嶼について奪還戦を行う部隊だとされており、米軍の役割は支援や補充に過ぎない。オバマ政権は日本側の求めに応じて、尖閣が日米安保条約の適用範囲であることを明言するものの、領有権問題については関知しないという立場を崩さない。日中の紛争に巻き込まれることを警戒しているのだ、と指摘している。

3. アメリカの対日、対韓政策

二〇一五年一一月、日米は中枢部門をつなぐ「同盟調整グループ」を新設した。それは四月に再改定された日米防衛協力の指針（ガイドライン）に織り込まれた。その背景には、二〇一六年三月までに施行する安全保障関連法案の実効性を運用面から担保する狙いがある。このグループは、政府高官、実務担当者、制服組の各レベルで、有事だけではなく平時も含めて切れ目なく日米調整を図る枠組みである。それは集団的自衛権行使や地球規模の対米支援を可能にするための環境整備の具体化である。防衛省には、「日米当局間の距離がぐんと近づき、同盟は一枚岩になる。中国や北朝鮮などへの抑止力が増し、平和と安定に資する」と期待する向きが多いという（東京新聞提供「こちら特報部　韓国『核武装論』加熱」『琉球新報』二〇一六年二月二五日）。

しかし、アメリカから日本の国益にそぐわない協力を求められた際、本当に拒否できるのかという不安はあると言われる。伝達される情報と運用実態は機密に属するため、外部の目も届かない。米戦略に際限なく巻き込まれるリスクは否定できないというわけだ。

だが、アメリカのアジア政策を見れば、この巻き込まれ論は的外れのように思う。日米関係の強化は、日本の「暴走」を押さえるためのものではないだろうか。

それは日本と同じ同盟国である韓国に対するアメリカの政策によく表れているように思う。

北朝鮮による核実験と長距離弾道ミサイル発射で、韓国では核武装論が過熱した。「中央日報」の世論調査で核保有に賛成した割合は六七・七％で、反対の三〇・五％を大きく上回ったのである（前出「こちら特報部　韓国『核武装論』加熱」）。

保守系の最大手紙「朝鮮日報」の社説（二〇一六年一月二八日）は、自衛策として最低限の核兵器を保有することについて国民的な議論を呼びかけた。その裏には、米中に対する不信感があると言われる。

アメリカについて言えば、二〇一六年年初の北朝鮮核の実験後、オバマ大統領は一般教書演説で言及しなかった。しかし、「核の傘」の有効性は東アジアの安全保障に大きく関わっている。それを裏付けるのは、三月七日から韓国各地で行われた米韓合同演習である。核・ミサイル開発を続けて脅威を増す北朝鮮に対し、米韓は想定をゲリラ戦主体の戦闘に変化させた。「史上最先端」の演習で圧力をかけた。

米軍は北朝鮮による一月の核実験以後、B52戦略爆撃機やF22ステルス戦闘機といった戦略兵器を、次々と韓国に派遣してきた。そのうえで、合同演習を例年より増強した態勢で行った。

アメリカの積極姿勢には、対北朝鮮以外の理由もある。その一つが、一月の核実験後、韓国内で広がる核武装論だ。アメリカは北東アジア地域に核保有の動きが広がることを警戒してきた。

米軍は二月二五日、米カルフォルニア州で、核弾頭搭載が可能な大陸間弾道ミサイル「ミニットマン」の発射実験を行い、韓国軍に初めて公開した。韓国国防省は、「米国の拡大抑止手段［核の傘］に対するわが国民の信頼を確実にする意図があるのではないか」と指摘する。

以上のアメリカの対韓政策は、そのまま日本にも当てはまるだろう。

4．リバランス政策と安倍外交の非整合性

アメリカの対中政策と日米関係の整合性はないというのは明らかである。それは、いわば右傾化を強めている安倍外交とは合致しない。

例えば、アメリカは中国との間に協調関係を築き、両国の衝突を回避しながら、日本や韓国などとの同盟を堅持して、東アジアにプレゼンスを残そうとしている。この対中共存政策と、中国を潜在的な敵とみなす安倍外交の間には、根本的な矛盾がある。

例えば、アメリカは日中の対立がエスカレートするのを回避すべく、歴史認識問題で中国を刺激しないよう、日本に自制を求めた。二〇一三年一二月の安倍首相による靖国神社

参拝に対して、米国務省が「失望した」と異例の表明を行ったのも、そのためである。

日米新ガイドラインに関連して藤原帰一（東京大学教授）が述べていうように、安倍政権は軍事力を過信しているのではないか。

「軍事力の効果を過信すれば、慎重な外交によって国際戦争を打開する機会を見逃し、避けるべき戦争に突入する危険が生まれる。問題は軍事力を認めるかどうかではなく、軍事力の過信を避けるかどうかにある。そして、軍事力への過信は、米政府より日本政府に見られるのではないか」（『朝日新聞』二〇一五年五月一五日）

私はそうだと思う。

いま日本にとって必要なのは、ソフト・パワーを発揮することだろう。安全保障関連法はとくにその必要性を感じさせる。私は平和外交研究所・美根慶樹の次の文章に賛成である。

「米国との関係は大切だが、世界中に自衛隊を出す必要はない。国際紛争に関わることを禁じた憲法とともに歩んできた道が日本の『生き様』だ。国民も国際社会もそう評価してきた。今回の安保法制でその生き様を変えるべきではない」（『朝日新聞』二〇一五年八月一三日）

ここでいう「生き様」とは、ソフト・パワーのことだろう。

第四章

沖縄の現状

【シーサー点描】

（© 沖縄観光コンベンションビューロー）

1. 自己決定権の主張

最近、沖縄の「自己決定権」という言葉をよく耳にするようになった。この言葉は過去においても使われてはいたが、現在では一般的に使われるようになっている。そのきっかけとなったのは、二つの出来事であったと思う。

一つは、二〇一三年一月、沖縄側が垂直離着陸輸送機MV22オスプレイ配備反対と、普天間飛行場の県外移設を求める「建白書」を日本政府に提出したが、無視されたことである。それに伴って保革を超える枠組「オール沖縄」がつくられた。

あと一つは、沖縄選出の自民党議員五人が、党本部の命により、選挙公約であった「普天間の県内移設反対」を強制的に撤回させられたことである。石破茂幹事長（当時）は自民党本部における記者会見（一一月二五日）で、五人の自民党国会議員を後ろに侍らしてこの決定を明らかにしたが、その際、横で頭を垂れていた議員の姿を見た沖縄県民は驚愕した。それは沖縄の誇りが無残にも失われた光景であった。それに加えて、政府の強圧的態度とそれを支える本土の無関心ぶりが、「オール沖縄」の機運をさらに高めていった。

このような本土と沖縄の緊張関係の中で、一般的に用いられるようになったのが「自己決定権」である。

偶然だが、本章の執筆中に、沖縄訪問中の国連人権理事会や国連総会に報告を提出できる「国連特別報告者」のビクトリア・ダウリ・コープスが、沖縄大学のシンポジウム「沖縄における人権侵害―自己決定権の視座から」の演題で基調講演した。その中で、国連人権理事会は沖縄人を先住民と認めていること、先住民の土地で事前の同意なしに事業をしてはならないこと、したがって辺野古新基地建設は「先住民の権利に関する国連宣言」に反していることを指摘した（『沖縄タイムス』二〇一五年八月一七日）。

自己決定権の主張は、沖縄の両新聞社の連載記事の書籍化によって一層強まった。沖縄タイムス社編『沖縄の「岐路」―歴史を掘る未来を開く』（沖縄タイムス　二〇一五年）、および琉球新報社編・新垣毅著『沖縄の自己決定権―その歴史的根拠と近未来の展望』（高文研　二〇一五年）である。

沖縄の自己決定権および日本政府の立場については、上村英明「国際人権法からみた『沖縄の自己決定権』―『沖縄のこころ』とアイデンティティ、そして原住民の権利」西川潤、松島泰勝、本浜英彦共編『島嶼沖縄の内発的発展―経済・社会・文化』（藤原書店　二〇一〇年）を参照されたい。

琉球は、いわゆる「冊封体制」によって独自の王権国家を築いたが、日本に強制的に編入された。沖縄戦や米軍統治を経て日本に復帰はしたが、過重な基地負担は依然として残っている。オスプレイの強制配備、辺野古への新基地建設の動きに、県内では「差別」だと反発した。

ここで自己決定権に関する翁長雄志沖縄県知事の立場を見ておきたい。まず月刊誌『世界』のインタビューから見ることにしよう。

《私にとって「沖縄の自己決定権」とは、木の葉のように歴史の海の中で翻弄されてきた歩みを考える中で出てきたことばだ。日本に併合されてから懸命に「いい日本国民」になろうとし、言語も捨てて頑張ってきた結果、戦争に巻き込まれ、「自決」もさせられて、スパイ扱いもされ、戦争が終わったら今度は日本の独立と引き換えに米軍の施政権下に入れられ、憲法も何も合ったものではない過酷な状況に置かれ、復帰しても米軍基地が集中している状況には変化がない。こうした歴史を見る時に、いま何が必要なのかと考えれば、沖縄の未来を沖縄県民自身で考え、決めていくということなのではないか。そういう考えの込められた言葉です。》（「沖縄は新基地を拒む」『世界』二〇一六年一月号）

さらに翁長知事は自著（『戦う民意』角川書店　二〇一五年）で、独立を目指しているのではないことを明確にしている。

《私は沖縄の独立ではなく、「自立」の道を模索したいと考えています。例えば、さまざまに議論されている道州制が導入された場合、沖縄は単独州として、「沖縄州」あるいは「琉球州」への移行を目指します。》

自己決定権の主張について翁長知事はこう意味づけている。

《私たちが主体的に自分の自己決定権を持っていることが、日本を変えるのではないか。沖縄の問題を解決すれば、日本が民主主義国家として変わる。地方自治を尊重する国として変わっていく。それができないような、自分の意思を持っていない国が、アジアのリーダーだとか、世界のリーダーだとか、主要国首脳会議を開催するというのは、私にはお笑いのようにしか見えない。》（『琉球新報』二〇一六年六月一七日）

こうして見ると、翁長知事の沖縄問題に関する基本的な考え方は、辺野古新基地問題で技術的な法理論に終始する日本政府とはすれ違うはずである。

以上、沖縄の基本的な立場である自己決定権を見てきた。次に、現在沖縄で問題となっている「辺野古埋め立て承認取り消し」をめぐる裁判を取り上げよう。

2. 辺野古埋め立て承認取り消しと裁判

まず、埋め立て承認取り消し裁判の経緯を見ることにしよう。多少長くなるが、裁判は異例で、複雑であることから、やや詳細に取り上げる必要があると思う。

一九九五年九月に県内で起きた米兵による少女暴行事件に対し県民は強く抗議した。日米両政府が普天間飛行場の返還で合意したのは一九九六年四月である。それを受けて当時の橋本龍太郎首相とクリントン大統領が協議し、代替施設の用意を条件に五〜七年の間に返還することで一致した。

一九九九年、日本政府は辺野古への移設方針を閣議決定した。だが、受け入れ条件をめぐり地元と折り合わなかった。

二〇〇九年に発足した民主党の鳩山由紀夫政権は、普天間の「県外移設」を公約に掲げたが、辺野古の代替地は見つからずに頓挫した。その後、民主党から政権を奪還した安倍首相は日米関係の修復を最優先課題に掲げ、普天間移設はその対象となった。

二〇一三年二月、安倍首相はオバマ大統領とホワイトハウスで初めて会談した。この時、大統領は、沖縄に埋め立て申請の提出をして欲しいと、移設に向けた手続きをするよう首相に直接迫ったという。

二〇一三年三月、政府は辺野古沿岸部の埋め立てを当時の仲井真弘多知事に申請した。仲井真知事は「普天間基地の移設先は少なくとも県外・国外」として辺野古基地建設反対の公約を掲げて当選し、環境影響評価等から埋め立ては到底許可できないとしていた。だが、二〇一三年一二月に予算陳情に行き、沖縄県の交付金七年間三〇〇〇億円の保障を安倍首相から受け、帰沖して突如、沖縄防衛局の埋め立て申請を承認した。

二〇一四年以降、辺野古を抱える名護の市長選挙、市議選挙で反対派が勝利した。知事選では仲井真が現職としては前代未聞の大差で翁長に敗れ、衆院選は沖縄の自民党候補が全選挙区で敗北した。

沖縄の一連の選挙によって、仲井真前知事の辺野古新基地建設のための埋め立て承認は事実上否定された。ところが政府は、この「オール沖縄」の意思である辺野古基地反対を認めず、協議会も開かず、強権的に工事を進めた。

翁長知事は合法的に反対を進めるため、前知事の埋め立て承認に瑕疵《かし》がないかどうかを検討する第三者委員会（普天間飛行場代替施設建設事業に係る公有水面埋立承認手続きに関する第三者委員会）を設置した。

二〇一五年三月二三日、県は沖縄防衛局にサンゴ礁など環境の破壊を防止するため、海面の現状変更行為のすべての停止を指示した。

三月二四日、沖縄防衛局は行政不服審査法によって、この指示を取り消すよう、農林水産大臣に地方自治法二五五条の二で、審査を請求した。

三月三〇日、農林水産大臣は審査を経ずに指示の効力停止の決定をした。このため調査は止められず、反対の住民を暴力で阻止する紛争が続いた。

第三者委員会は半カ年の検討を行った上で、七月一六日に埋め立て承認に法的疵瑕があったとの報告を出した（これを受け、知事は一〇月一三日、埋め立て承認を取り消した。また、その間に政府との約一カ月の集中協議もあった）。

沖縄防衛局は国土交通大臣に対して、取り消し処分の執行停止と無効を訴える申し立てを行った。国土交通大臣はこの不服を認め、取り消し処分を執行渟止し、防衛局は本体工事に着手した。

国土交通大臣は執行停止後、県に対して取り消し処分を是正するよう勧告したが、県がこれに従わなかったため、県を被告として地方自治法に定める「代執行」裁判を福岡高裁那覇支部に行った（二〇一五年一一月一七日）。県側もこの代執行に応訴した。これにとどまらず、先の国土交通大臣の執行停止を取り消して、工事を止めよという訴訟を沖縄地方裁判所に、さらに総務省の第三者機関の「国地方係争処理委員会」が沖縄県の申し立を不適法としたので、これを不服として、同じく福岡高裁那覇支部に国土交通大臣を被告として裁判を起こした。

こうして沖縄県と国はお互いに相手を裁判に訴えて、三つの訴訟が争われることになった。まず、県は仲井真前知事の辺野古埋め立て承認を取り消した。それに対して国は即座に埋め立て承認の取り消しを撤回させるために、「代執行訴訟」を起こした。さらに国は、裁判中でも辺野古での移設作業を行いたいために、県知事が行った承認取り消しの効力を停止することを決めて、実際に移設作業を再開させた。今度は県がこの決定は違法だとして、「抗告訴訟」を起こした。さらに県は、決定について国地方係争処理委員会で審査をしてほしいと申し出たが退けられたので、国を相手にして「国地方係争処理委員会訴訟」も起こした。

米普天間飛行場の移設に伴う辺野古への新基地建設をめぐり、国土交通相が提起した代執行訴訟に関し、国が代執行を起こす要件や埋め立て承認を取り消した場合と取り消さない場合の不利益の比較などで、県と国の主張は大きく異なっている。

沖縄側も反対運動を組織化するようになった。「辺野古新基地を造らせないオール沖縄会議」の設置である。県内政党や労組、市民団体など二一団体で組織し、「沖縄建白書を実現し未来を拓く島ぐるみ会議」も組み入れた。

◆辺野古代執行訴訟における争点

（『琉球新報』二〇一五年一二月二日より）

沖縄県	国
＊代執行の要件 地方自治法二四五条の七に基づく「是正の指示」の手段を採らず、執行停止で工事を止めていることから、その他の方法で是正を図ることが困難な場合に当らず、要件を満たしていない。	＊代執行の要件 翁長雄志知事が一貫して辺野古移設の阻止を公言し、集中協議でも姿勢に変化がなく、地方自治法二四五条七に基づく「是正の指示」に従う見込みはない。代執行以外に取れる手段はない。
＊取り消し制限 一九六八年の最高裁判決は行政処分の受け手が国民であり、国の機関が受け手の今回の場合には適用されない。行政処分の安定よりも適法性確保が優先されるべきだ。	＊取り消し制限 一九六八年の最高裁判決から、取り消しは「公共の福祉に照らして著しく不当であると認める時に限り」可能だ。承認取り消しは不利益が大きく、取り消しはできない。
＊不利益の比較 普天間飛行場は国家の努力によって沖縄から除去されるべきだ。県民の民意に反し基地負担を固定化する。	＊不利益の比較 辺野古の埋め立てができなければ普天間飛行場の危険性除去ができない。日米間の外交、防衛、政治、経済上、計りしれない不利益が発生する。
＊公金支出 国が特定の事業者に対し便宜を図ることは許されない。取り消しは今後の支出を抑制する。	＊公金支出 埋め立て事業のために積み上げてきた膨大な経費が無駄になり、契約関係者にこれまで支払った四七三億円が全くの無駄金になる。

3．国・県の和解提案

二〇一五年一一月に国が提訴した代執行訴訟で福岡高裁那覇支部は、「工事の停止」を盛り込んだ暫定案と、代替施設建設を認めた上で三〇年以内に返還か軍民共用化を米軍と調整するよう求める根本案の、二つの和解案を提示した。そして暫定案については、県が前向きに検討する意向を示した。安倍首相は二〇一六年三月四日、暫定案を受け入れると発表し、国と沖縄県の和解が成立することになった。

しかし、安倍首相は和解受け入れを表明した際、「普天間飛行場の全面返還のためには辺野古への移設が唯一の選択肢であるとの国の考え方に何ら変わりない」と強調しており、和解は国の「譲歩」を意味するものではなかった。

そして和解から三日後の三月七日、国は沖縄県が辺野古埋め立て承認を取り消したのは違法だとして、この処分を撤回するよう指示する文書を翁長知事に郵送した。そして承認取り消しの是正指示に踏み切り、協議は実質的に不要だとの姿勢を鮮明にした。

和解条項に盛り込まれた円満解決に向けた具体的な協議に入る前に、国が是正を指示したことに翁長知事は、「大変残念だ」と反発した。それで県は、国の是正指示を不服として、総務省の第三者機関「国地方係争処理委員会」（係争委）に審査を申し出た。

係争委は二〇一六年六月一七日、是正指示が適法であるかどうかは判断せず、国と県が「普天間飛行場の返還という共通の目標に向けて真摯に協議し、双方が納得できる結果を導き出す努力をすることが、問題解決に向けた最善の道である」とした。しかし、国は辺野古新基地建設工事を再開する姿勢を崩していない。

二〇一六年六月の沖縄県議選は、翁長県政を支持する諸政党が過半数を制した。『朝日新聞』（二〇一六年六月六日）の社説は、「日米両政府はこの民意を重く受け止め、『辺野古が唯一の解決策』という思考停止から抜け出す契機とすべきだ」と主張する。

また国地方係争処理委員会は六月二一日、辺野古の新基地建設を巡り、埋め立て承認を取り消した翁長知事に対する国の是正指示の適否の審査結果を、知事と国土交通大臣に通知した。係争委は適否を示さず、国と県が真摯に協議することが問題解決への最善の道と結論づけた。

4．強硬政策への転換

ところが政府は、沖縄に対して二〇一六年七月から強硬な態度を取り始めている。それは極めて重要な転換である。沖縄はその意味することをよく分析し、対応策を講じるべきだと考える。まず、事実を取り上げよう。

二〇一六年七月、アジア・太平洋地域における米海兵隊の戦略や基地運用計画をまとめた「戦略展望二〇二五」が報道された。それは次期戦闘機といわれるステルス戦闘機F35や垂直離着陸型輸送機MV22オスプレイの配備を念頭に、辺野古や米軍北部訓練場など一帯の整理統合で訓練環境を刷新し、兵士や家族らの生活環境についても言及している。

具体的に言うと、県内にあるキャンプ・シュワブやハンセン、伊江島など九つの基地・施設には、最大で三万人の海兵隊員とその家族、数千人の軍属らが暮らしており、アジア・太平洋地域で最も優れた最新設備を備えた海軍病院もあるなど「小さな市役所」のような役割があると指摘し、整理統合計画は「勤務地で暮らす」環境を追及する地域開発のモデルケースだと説明している。それは在沖米軍基地の恒久化を目的としている。

日本政府が初めてこの計画の存在を認めたのは二〇一二年である。ということは、政府は米軍の東村高江《ひがしそんたかえ》のヘリパッド建設をかなり事前に承知し、それを実現すべく準備してきたと言えよう。

自民党は二〇一六年七月一〇日の参院選で辺野古を容認した候補者が敗れ、衆参院合わせて沖縄選挙区で議席を失ったが、参院選挙の結果判明からわずか九時間後の一一日明け方、突如ヘリパッド建設工事への資材搬入が始まった。翌一二日には高江のメインゲート前での抗議活動に対し、沖縄県外から五〇〇人もの機動隊を導入する計画が明らかになった。

一四日に政府は、新基地建設に関する作業部会で、建設において新たな提訴をちらつかせ陸上工事実施の意向を一方的に示した。

七月二一日、政府が最重要課題の一つに位置付ける米軍普天間飛行場の返還や危険性除去、基地の負担軽減を協議するために開かれた会合は、三〇分の予定がわずか二〇分で終了した。事実上、政府の提訴方針を伝える場となったのである。

菅官房長官は同日夕の記者会見で提訴の理由を聞かれ、「和解条項の趣旨に照らし」「和解条項に基づき」とのフレーズを多用した。司法手続きと協議を並行して進めるとした、和解条項に従った適正な手順であることを強調した。

政府は二二日、福岡高裁那覇支部や国地方係争処理委員会が、それぞれの立場から「話し合い解決」を求め、県も協議の継続を要望したにもかかわらず、県を相手どり、違法確認訴訟を起こした。代執行訴訟の訴状に比べて、従来の沖縄県の主張への反論に多くのページを割き、県と国の主張の違いを改めて反映させた。

八月二日に報じられた「防衛白書」は、二〇一五年版と比べると沖縄について「朝鮮半島や台湾海峡といった潜在的紛争地域に近い位置にあると同時に、これらの地域との間にいたずらに軍事的緊張を高めない程度の距離を置いている」など加筆し、「地理的優位性」を訴える内容になった。

菅官房長官は八月四日の記者会見で、米普天間飛行場の返還に伴う名護市辺野古の新基地建設の進展が見られない場合、内閣府の沖縄関係予算を削減する考えを示し、政府と県がこれまで否定してきた沖縄振興と基地問題の「リンク論」を公式に容認した。完全に沖縄を組み敷く姿勢を明確に打ち出したのである。

沖縄県に対する再提訴に加え、東村高江周辺のヘリパッド新設強行、名護市辺野古陸上部の工事再開と三正面攻勢の姿勢を見せる政府が、基地と振興のリンク論で追い討ちをかける格好となった。

さらに、第三次安倍再改造内閣で沖縄に縁がない沖縄担当相を起用した。沖縄に対して強硬手段を取る布陣の感がある。それで沖縄振興の転換期として、これから冬の時代に入ることが懸念されている。

不作為の違法確認訴訟の第一回口頭弁論が開かれた法廷では、「この訴訟の判決に従う義務があると考えるか」という趣旨の質問を巡って、県側代理人と多見谷寿郎裁判長の間で激しいやり取りが繰り広げられた。県側代理人は「政治的質問だ」などとして、警戒感をあらわにした。

九月一六日に出された判決は、国の請求を全面的に認めた。その中には事実に反するものも含まれている。例えば、「(北朝鮮の中距離ミサイル)ノドンの射程外となるのは、我が国では沖縄などごく一部」とあるが、仮にノドンは別としても、新型のムスダンならグアムを狙うために三万キロ以上の射程を持つと言われ、沖縄が地理的安全性を持つとは考えにくい。

以上は、政府が綿密に練り上げた計画に従って行動していることを示すものであり、ほっておくわけにはいかない。それでは沖縄は政府の強硬策に、どのように対応すべきか。私は冷静かつ客観的に反論すべきだと考える。まず、沖縄の米軍基地の重要性の低下から始めよう。

在沖基地に関するアメリカの立場を示す最新の資料は、国防総省による「中国の軍事的行動に関する報告」（二〇一六年六月一三日）であろう。それは中国軍の装備近代化に向けた動きは二〇一五年で新たな段階に入ったと分析している。沖縄をはじめ在日米軍は、中国の空中発射型空対地巡航ミサイル「ＭＲＢＭ」の範囲内に入る。それで中国のミサイルの力の向上で、米軍基地が集中する沖縄に脆弱性が高まったと指摘する。

歴史的に見ると、アメリカでは沖縄返還が実現し、国際的な緊張緩和が進展する中で、沖縄の米海兵隊の存在意義そのものが問われていた。沖縄からの撤退は、軍事的にも経済的にも合理的だと考えられていたのである。

しかしそれは実現しなかった。なぜか。その最大の原因は、日本政府が海兵隊の存続を要請したからである。日本政府は海兵隊を自国防衛のシンボル、あるいは「人質」として利用することを望んだ。アメリカはこれを受け入れた。海兵隊を再編成し、災害救助や人道支援に力点を置くようになった。つまり、沖縄基地の抑止的役割が必要ではなくなったのである。

在日米軍基地の重要性が低下した結果、アメリカの東アジア戦略自体、軍事的合理性と政治的合理性のきわめて難しいジレンマに直面していると主張する研究者もいる。すなわち、現在の技術的進歩を考えれば、横須賀の空母機動部隊や沖縄の海兵隊は軍事的意味がない。しかし政治的には、海兵隊の沖縄からグアムへの移動は、この地域の安定にとって大きな政治的なインパクトを持つ。それはこの移動が中国の行動を変え、この地域の安定を脅かしかねないからである。その意味で、グアムへの移動は、軍事的には可能だが、政治的には合理的ではない。それで政治的理由から海兵隊の沖縄駐留の継続は認めるべきだ、という。

私はこの立場に賛成しない。「政治的に合理的」な政策は、中国との友好的関係を作り上げることではないか。安倍政権が中国を潜在的な敵とみなせば、中国もそのように日本を見るだろう。それこそセキュリティ・ジレンマに陥らしめて、戦争を招くだけだ。

歴史を遡ることになるが、二〇一五年五月、沖縄県庁で翁長雄志知事と初会談した中谷元・防衛相は、米軍普天間飛行場の辺野古移設の必要性を力説し、中国公船の尖閣諸島周辺海域への侵入を挙げた。現状では日本だけで中国船に対応していると説明した上で、こう続けた。「先日の日米防衛相会談で尖閣諸島でも安全保障条約にコミットしていることを再確認した」と。つまり仮に現在よりも緊迫した尖閣有事が起きれば、米軍は自動的に海兵隊を派遣し、奪還作戦を行うとも受け取れる発言をした。はたしてそうだろうか。

二〇一五年四月に改訂された「日米防衛協力の指針」は、日本に対する陸上攻撃へのアメリカの対応をこう説明している。

「日本は日本国民及び領海防衛を引き続き主体的に実施し、アメリカは日本と緊密に調整し、日本を防衛するため、自衛隊を支援し、補完するための作戦を実施する」

同年一〇月に署名された「日米同盟　未来のための変革と再編」も、日本は自らを守る、アメリカは日本防衛に必要なすべての支援（監視、補給、技術指導など）を行うとなっている。ここでも、戦うのは日本であって、アメリカは支援することになっている。

ところが防衛省は、米海兵隊は日本を守ることを前提にしている。例えば、辺野古の「埋め立て理由書」で、国外・県外ではなく辺野古に新基地を建設する必要がある理由として、次の三点を挙げている。

①中国の軍事力の近代化や活動の活発化など厳しさを増す現在のわが国周辺の安全保障のもと、在沖海兵隊を含む在日米軍全体のプレゼンスや抑止力を低下させることはできない。とくに在日米軍の中でも唯一、地上部隊を有している在沖海兵隊は抑止力の一部を構成する重要な要素であること。

②潜在的紛争に近すぎない位置が望ましいこと。また、沖縄は戦略的な観点からも地理的優位性を有していること。

③海兵隊ヘリ部隊を沖縄所在の部隊から切り離し、国外、県外に移設すれば、海兵隊の持つ機動性・即応性といった特性・機能を損なう懸念があること。

これらの政策は、これまで述べてきた沖縄の軍事的重要性の低下や現行のアメリカ外交と明らかに矛盾する。

5．日米の共同訓練と自衛隊の「南西シフト」

それにもかかわらず、安全保障関連法が施行され、集団的自衛権の行使を念頭に、米軍と自衛隊の運用一体化が進められている。詳細は『琉球新報』の特集（「安全保障関連法施行と沖縄」二〇一六年三月二九日＝**資料2**）に譲るとして、その一部を列挙すると、米軍基地への自衛隊の常駐、自衛隊と米軍の運用一体化、哨戒範囲の拡大などである。

最近目立つのは、自衛隊と米軍の共同訓練である。沖縄本島中北部の米軍基地の多くが、いずれ日米共同利用施設となり、陸・空・海を問わず、共同訓練が進むと予想されている。さらに、自衛隊の「南西シフト」が進められていることにも注目すべきだ。「南西シフト」については、沖縄の新聞は大々的に報道している（「沖縄の自衛隊基地増強」『琉球新報』二〇一六年三月二九日＝**資料3**）。

在沖海兵隊がローテーションのため沖縄を留守にすることから（実戦部隊の沖縄駐留期間は数カ月）、日本側は米軍の抑止力の低下を自衛隊で補うことになった。二〇一三年の「防衛大綱」によると、日本領域で起こり得る極地紛争に対して、日本独自で自立的に抑止し、対処する態勢を構築する。

「南西シフト」で航空自衛隊は、沖縄・宮古島のレーダーなどの能力を向上させる。陸上自衛隊は、与那国に沿岸監視部隊を配置し、米海兵隊との共同訓練を拡充する。その他、警備部隊、地対艦（ＳＳＭ）、地対空（ＳＡＭ）ミサイルを運用する部隊を配備する計画をすすめているという。

これは沖縄の要塞化である。

資料２

安全保障関連法施行と沖縄

『琉球新報』二〇一六年三月二九日

日本国憲法で禁止されてきた日本の集団的自衛権の行使を、政府・与党が容認する根拠として成立させた安全保障関連法が二〇一六年三月二九日、施行された。集団的自衛権行使を念頭に、同盟国の軍隊である米軍と自衛隊の運用一体化を進める内容で、在日米軍専用施設の七四％が集中する沖縄では、共同訓練やさらなる作戦拠点化による基地負担の増加など、さまざまな影響が懸念される。

✤共同使用拡大

自衛隊が沖縄の米軍基地を共同使用したり、米軍と共同訓練を行ったりする事例が増える中、安保関連法の施行でそれが加速すると指摘される。その先の筋書きとして想定されるのが、米軍基地への自衛隊の常駐だ。

日米両政府が建設を計画する名護市辺野古の新基地についても、日本側が自衛隊を常駐させる具体的な計画を立案していたことが判明している。県民が過重な米軍基地負担の解消を訴える中、自衛隊が米軍基地を使用すれば、負担がさらに増す可能性が懸念される。

二〇一二年七月に統合幕僚監部などが作成したとみられる文書では、沖合に辺野古新基地建設が計画されるキャンプ・シュワブやキャンプ・ハンセンなどの米軍施設を自衛隊が共同使用し、陸上自衛隊員八〇〇人前後を常駐させることを計画していることが、二〇一五年三月に国会で判明した。

その際、政府関係者は計画について「民主党政権下のものだ。現在は検討上にない」などと説明した。

だが自衛隊トップの河野克俊統合幕僚長が二〇一四年一二月にダンフォード米海兵隊総司令官（当時）と会談した際に、「辺野古への移転やシュワブ、ハンセンでの共同使用が実現すれば、米海兵隊と陸上自衛隊の協力が一層深化する。沖縄の住民感情も好転するのではないか」と共同使用を打診し、構想が〝生きていた〟ことを示す形になった。

安保法制の施行に向けて日米が合意した新ガイドライン（日米防衛協力の指針）では、米軍と自衛隊が施設の共同使用を拡大する方針が明記された。

河野氏とダンフォード氏の会談は二〇一五年四月のガイドライン改定の約半年前で、法施行やガイドライン改定に先立ち、現場では安保法制を先取りするような議論が進んでいることを浮き彫りにした。

✣哨戒範囲

「自衛隊が南シナ海で活動することは理にかなっている」

二〇一五年一月にロイター通信が行ったインタビューで、横須賀基地に拠点を置く第七艦隊のトーマス司令官はこう明言した。

中国が南シナ海で海洋進出を活発化していることを念頭に、東シナ海を中心に哨戒活動をしている自衛隊が、南シナ海まで活動範囲を拡大させることに期待感を示したのだ。尖閣諸島などを抱える東シナ海での哨戒活動は領土防衛の意味合いが強い。しかし南シナ海には日本の領土が存在せず、まったく別次元の任務となる。

ところが日本政府は自衛隊による南シナ海での監視活動を既に検討していた。参院に提出された資料などで明らかになっている。

さらにシアー米国防次官も二〇一五年一月、米首都ワシントンで開かれたシンポジウムで、「日本が地域の安定に果たす役割は北東アジアだけではない。東南アジア、南シナ海も重要だ」と述べ、南シナ海での自衛隊の哨戒活動を促した。

米軍は嘉手納基地に所属する海軍のＰ８哨戒機に南シナ海の哨戒活動を担わせている。自衛隊が南シナ海へ活動範囲を広げることになれば、Ｐ３Ｃ対潜哨戒機を配備する那覇基地がその拠点となる可能性が高い。その場合、沖縄を足場に自衛隊の活動範囲が拡大されることになる。

Ｐ３Ｃで那覇から南シナ海まで飛行する場合、片道約四時間を要する。同機種の航空時間は一〇時間で、往復する場合は現地での哨戒活動時間は二時間程度が限界だ。このため那覇からの派遣は現実的ではないと言われてきた。

ところが二〇一五年六月、来日したフィリピンのアキノ大統領（当時）が、自衛隊の補給で同国の基地を利用できるよう協議する用意があると表明するなど、自衛隊が南シナ海で活動する環境整備が進む動きが続いている。

✤在沖基地使用

集団的自衛権の行使容認に向けて政府・与党が安全保障関連法の成立を急いでいた一方で、現場では既にその〝下地〟を整えるように、自衛隊と米軍の運用一体化が進んできた。

その中で、在沖米軍基地では自衛隊の共同訓練が急速に増える傾向にある。沖縄側が過重な基地負担の解消を求める中、自衛隊も米軍基地を使用することでさらなる負担増になるとの指摘がある。

日米両政府は二〇〇六年、米軍キャンプ・ハンセンを共同使用施設とすることで合意した。防衛省によると、自衛隊は二〇〇八年からハンセンの使用を始めた。同年の訓練は一五日間。二〇〇九～一一年は約三〇日だったが、一二年には六三日に倍増した。一三年にはさらに一二六日にまで倍増し、自衛隊によるハンセンの共同使用は日常化している。自衛隊が米軍の馴練を視察する「研修」はハンセンだけでなく、嘉手納基地やキャンプ・シュワブ、ブルービーチなど各主要基地で活発に行われている。

県は議会答弁などで、安保関連法について「国民の理解が十分得られていない重要な法案を強引に推し進める政府の姿勢は容認しがたい」と問題視している。その上で「米軍の運用や米軍基地機能が強化され、沖縄の基地負担の増加につながることがあってはならない」（町田優知事公室長）とくぎを刺している。

県幹部は「米軍基地を自衛隊が利用することが増えれば、基地周辺の生活環境にさらなる負担となる可能性が高い。動向を注視していく」としている。

資料3

沖縄の自衛隊基地増強

『琉球新報』二〇一六年三月二九日

沖縄県内の自衛隊基地や関連施設は沖縄本島や離島を含めて三三カ所が所在し、陸、海、空の三自衛隊がそれぞれ部隊を配置している。過重な米軍基地の間を縫うように自衛隊施設は整備されているが、米軍施設の日米共同使用が進めば米軍と自衛隊による「二重の基地負担」を島民が負うことになる。防衛省は宮古島、石垣島などへの部隊配備を強化する構えで、隊員や施設数はさらに増える見通しだ。

防衛省の資料によると、二〇一六年一月末現在で約七千人が自衛官、事務官として勤務している。先島諸島を除く在沖自衛隊基地の面積(二〇一四年一月現在)は六・七平方キロで、その約七割が沖縄本島南部に所在している。

最も人数が多いのは「南西航空混成団」などを配備する航空自衛隊で、人員は約三三九〇人。空自は一月末、築地基地(福岡県)からF15戦闘機の一飛行隊(約二〇機)を異動させ、第9航空団を編成した。これにより、県内ではF15戦闘機が四〇機体制となり、人員も従来より三〇〇人増えた。早期警戒機（Ｅ２Ｃ）も四機程度配備されている。

さらに地対空誘導弾パトリオット（ＰＡＣ２、ＰＡＣ３）を運用する部隊は四個高射隊あり、沖縄本島には高射教育訓練場も整備されている。与座岳分屯基地は弾道ミサイル防衛（ＢＭＤ）対応型レーダーサイトを運用している。

陸上自衛隊は本土復帰後に「臨時第１混成群」として部隊が那覇に移駐したことが県内配備の始まりとなり、その後第１混成団と名称を変えた。第１混成団は、二〇一〇年に現在の「第15旅団」に新編され、人員を含めて増強された。第15旅団を含めた陸自の現在の配備人数は普通科、後方支援、高射連隊を含めて約二二〇〇人となっている。

陸自は機動性や警戒監視能力を高めるため、南西地域に対して「部隊配備の推進」を掲げている。沿岸監視部隊が常駐する与那国駐屯地を新設したほか、宮古島、石垣島に初動を担当する警備部隊、地対艦（ＳＳＭ）、地対空（ＳＡＭ）ミサイルを運用する部隊を配備する計画を加速度的に進めている。

海上自衛隊は第５航空群などの部隊があり、人員は約一五〇〇人。固定翼哨戒機Ｐ３Ｃが約二〇機配備され、機雷の除去などを任務とする掃海艇も三隻を運用している。うるま市の米海軍ホワイトビーチ基地内にある沖縄海洋観測所では、最新型潜水艦音響監視システム（SOSUS）を敷設し、日米一体で運用していると指摘されている。

✤与那国—陸自沿岸監視部隊、レーダー二カ所に

与那国島に二〇一六年三月二八日発足した沿岸監視部隊について、防衛省は「領海、領空の境界に近い地域で付近を航行、飛行する艦船や航空機を沿岸部から監視して各種兆候を早期に察知する」ことを配備目的として掲げる。先島諸島への陸上自衛隊の配備は初めてで、駐屯地の完成によって一六〇人規模の自衛隊員が常駐することになる。

沿岸監視部隊はレーダーサイトを運営し、沿岸監視任務を担う部隊と、駐屯地運営などの後方支援の部隊で運営される。久部良《くぶら》地区に隊舎や駐屯地ができるほか、祖納《そない》地区にはレーダーサイトを整備している。

陸自の沿岸監視レーダーは駐屯地のある久部良地区と、祖納地区の二カ所に置かれる。祖納地区のレーダーは標高一六四メートルのインビ岳に配置されるが、軍事評論家の田岡俊次氏は「与那国と台湾間の半分の五〇キロ程度しか見えない」と述べ、水平線の陰になる艦船は見張ることができないと分析し、レーダー配備を疑問視している。

防衛省は航空自衛隊の移動式警戒監視レーダーを展開するための工事費もすでに予算化

している。陸自の与那国島駐屯地内の近傍に基盤を整備する予定だ。沿岸監視部隊の発足によって自衛隊が進出する足掛かりができ、空自関係の基礎整備も着々と進む見通しだ。

✤宮古―陸自警備・ミサイル部隊、司令部配置　八〇〇人規模に

防衛省は宮古島への陸上自衛隊配備計画について、二〇一六年度予算で一〇八億円を計上しており、用地取得や敷地造成などを進めるなど、配備に向けた本格的な作業を始める。宮古島に配備される陸上自衛隊は有事の際に初動を担任する警備部隊と、地対艦（SSM）、地対空（SAM）ミサイルを運用する部隊が中心となる。石垣島にも陸自ミサイル部隊、高射特科群を配備する予定だが、司令部機能は宮古島に置くことを想定し、宮古島の陸自配備人員は七〇〇～八〇〇人の規模となる。

配備されるのは「大福牧場」周辺とゴルフ場「千代田カントリークラブ」周辺で計画している。ただ防衛省は詳細は明らかにしていないが、高野漁港周辺には着上陸訓練場を整備する方向で内部の検討が進んでいる。

駐屯地や訓練場は大福牧場周辺への整備を予定している。防衛省の内部資料によると、ミサイル部隊の陣地を整備するほか、警備部隊などが訓練する射撃訓練場や弾薬庫も造られる。「千代田」には宿舎やヘリポートを設置する考えだ。両地区ともに二〇一八年末に運用を開始する方向で交渉を進めている。

高野漁港への着上陸訓練場の整備について、自衛隊関係者は「まだ検討段階だ」としているが、実現した場合、自衛隊が米軍から購入する水陸両用車（ＡＡＶ７）を使った着上陸訓練などで頻繁に使用される可能性もある。

✤石垣―陸自警備・ミサイル部隊、最大六〇〇人　ヘリ部隊検討

石垣島への陸上自衛隊配備は次期中期防衛力整備計画の期間中に整備する予定で、防衛省は場所の選定や地元への説明などを進めている。二〇一五年一一月には若宮健嗣防衛副大臣が中山義隆石垣市長に、初動を担任する警備部隊と地対艦（ＳＳＭ）、地対空（ＳＡＭ）ミサイル部隊の配備を正式に要請した。若宮氏は正式な打診の際、規模は五〇〇～六〇〇人と説明している。

候補地とされたのは「平得《ひらえ》大俣《おおまた》」地区の周辺だ。しかし平得大俣区は防衛省が二〇一三年九月～一四年三月に調査した部隊配置検討業務の報告書では、候補地に含まれていなかった。平得大俣地区は市有地が多数あることから、防衛省は土地取得が容易になると考

え、従来の想定を変更した格好だ。

一方、防衛省は隊員の規模を五〇〇～六〇〇人と市側に伝えているが、物資の輸送に必要なヘリコプターの部隊などは市側に説明していない。防衛省の関係者によると、ヘリ部隊も検討しているが、地元の反発を抑えるため、現時点では提示していない。

ヘリ部隊の人数は一〇〇～二〇〇人規模と見られ、実際に配備されると隊員の規模は七〇〇人以上に増大する見通し。平得大俣地区は市有地だが、北側にある民有地のゴルフ場、西側の県有地まで広げ、ヘリの離着陸場を併設することも検討している。

結　論——沖縄はどうすべきか

これまで述べてきたことから言えることは、沖縄が過度期にあるということである。過度期には、古い面と新しい面が併存する。一方では、沖縄の軍事的価値が低下している。新たな大国、中国の台頭に対してアメリカは硬軟入り混じった政策をとり、国際システムの微調整を図ろうとしているように見える。だが、直ちに沖縄基地からの撤退を決めるには至っていない。しかしいずれアメリカは、沖縄から撤退するかもしれない。アメリカの大統領選挙でトランプが共和党の候補者となり、次期大統領に決まったことを考えれば、それ（撤退）も全く非現実的だとは言えない。

他方、安倍政権は、中国脅威論を振りかざして沖縄に自衛隊基地の新設を急いでいる。そして米軍基地の共用、あるいはその取得を狙っており、「南西シフト」を公然と進めている。安倍外交は対米追従だと批判されることが多いが、対米自立という側面も無視すべきではない。この点は強調しすぎることはない。対米自立がこのまま進行するのであれば、アジア情勢は一変することになろう。

沖縄の政治状況は、安倍政権との対立を深めている。参院選挙では自民党・公明党が本土では大勝して憲法改定が可能となった。しかし沖縄では、安倍政権の支援にもかかわらず、現職の沖縄担当大臣が敗北した。

沖縄は安倍外交に対する積極的な反対を継続すべきだ。東アジアでの紛争に巻き込まれないため、そして沖縄の要塞化を避けるためには、この方法しかない。沖縄は、基本的な決定を迫られているのだ。沖縄は安倍政権の「暴挙」によって追い込まれているという、この「事実」を県民は率直に受け止めるべきだ。

沖縄が再び戦場になるのを避けるために。

宮里 政玄（みやざと・せいげん）
1931年、沖縄県今帰仁村に生まれる。専門は、アメリカ外交史、日米関係。琉球大学教授、国際大学教授、獨協大学教授を経て、現在、沖縄対外問題研究会顧問を務める。
著書：『アメリカの沖縄統治』（岩波書店 1966年）『アメリカの対外政策決定過程』（三一書房 1981年）『米国通商代表部（ＵＳＴＲ）—米通商政策の決定と代表部の役割』（ジャパン・タイムズ 1989年）『日米関係と沖縄 1945-1972』（岩波書店 2000年〈第29回伊波普猷賞〉）ほか多数。

沖縄vs.安倍政権
——沖縄はどうすべきか

●二〇一六年一二月二〇日——第一刷発行
●二〇一七年 二月 一日——第二刷発行

著　者／宮里 政玄
発行所／株式会社 高文研
東京都千代田区猿楽町二―一―八
三恵ビル（〒一〇一＝〇〇六四）
電話 ０３＝３２９５＝３４１５
振替 ００１６０＝６＝１８９５６
http://www.koubunken.co.jp

印刷・製本／シナノ印刷株式会社

ISBN978-4-87498-608-0 C0036